OECD Education Frontier
Social and Emotional Skills Studies

教育前沿
社会与情感能力研究丛书

张 静 译

经济合作与发展组织 编

促进社会进步的能力：

社会与情感能力的力量

Skills for Social Progress:

The Power of
Social and Emotional Skills

上海教育出版社
SHANGHAI EDUCATIONAL
PUBLISHING HOUSE

经济合作与发展组织

    经济合作与发展组织（Organisation for Economic Co-operation and Development，简称 OECD）是各国政府合作商讨应对经济、社会和环境全球化挑战的特别组织。OECD 还是促进各国相互理解，帮助各国政府应对新局势、新问题的前线力量，例如企业管治、信息经济以及人口老龄化的挑战。该组织提供了一个平台，让各国政府能够相互比较政策经验，寻求共同问题的答案，共同确定良好实践，以及致力于协调国内和国际政策。

    OECD 成员国包括澳大利亚、奥地利、比利时、加拿大、智利、哥伦比亚、哥斯达黎加、捷克共和国、丹麦、爱沙尼亚、芬兰、法国、德国、希腊、匈牙利、冰岛、爱尔兰、以色列、意大利、日本、拉脱维亚、立陶宛、韩国、卢森堡、墨西哥、荷兰、新西兰、挪威、波兰、葡萄牙、斯洛伐克共和国、斯洛文尼亚、西班牙、瑞典、瑞士、土耳其、英国和美国。欧盟委员会参与 OECD 的工作。

    OECD 的出版物广泛传播该组织收集的统计数据，内容涉及经济、社会和环境问题的研究结果，以及其成员国达成一致的协议、指导方针和标准。

丛书总序

在全球治理的新时代，以"政策，让生活更美好"为宗旨的经济合作与发展组织（Organisation for Economic Co-operation and Development，简称 OECD）开展了多项具有前沿性和前瞻性的全球教育研究，对世界教育政策产生了越来越大的影响。自 2018 年以来，华东师范大学作为中国 OECD 唯一官方代表，分别与江苏省苏州市教育局和山东省济南市教育局合作，开展了两轮青少年社会与情感能力全球大规模测评，这是 OECD 继开展国际学生评估项目（Programme for International Student Assessment，简称 PISA）之后又一项全球大规模测评，标志着 OECD 关于学生发展的国际教育测评从认知能力的测评转向了社会与情感能力的测评，从"超越学科学习"走向了"为了学生更美好的生活"。

在此背景下，华东师范大学社会与情感能力研究团队一方面高度关注 OECD 发布的教育前沿研究成果，另一方面也产出了一批本土原创性的科研成果，"OECD 教育前沿"系列就呈现了七年多以来这两方面的教育研究成果。它包括两个子系列，即"OECD 教育前沿·国际比较研究丛书"和"OECD 教育前沿·社会与情感能力研究丛书"。

1. OECD 教育前沿·国际比较研究丛书

自 1992 年以来，OECD 每年发布报告《教育概览》(*Education at a Glance*)，描述和呈现世界教育体系的变化与发展趋势，动态地勾勒出世界教育图景，比较不同国家的教育发展水平，评价不同学段教育质量的优劣，进而重构全球教育的政策空间。本系列中的《OECD 国际比较教育统计手册 2018：概念、标准、定义和分类》和《迈向教育强国：中国与 OECD 教育指标比较研究》比较集中地反映了这方面的研究成果。《OECD 国际比较教育统计手册 2018：概念、标准、定义和分类》介绍了教育指标的相关概念，阐述了教育数据统计指标及相关的测量方法，旨在保持教育概念与教育指标在各国的一致性，增强可比较性，从而更有效地开展全球教育政策比较与统计分析。此手册对目前我国如何理解教育质量、如何衡量教育质量以及如何开展教育质量国际比较均有重要的参考价值。《迈向教育强国：中国与 OECD 教育指标比较研究》是国家社会科学基金教育学重大项目的研究成果，主要内容包括两个方面。一方面，关注 OECD 教育指标本身的研究，考察教育指标的发展历史与脉络，分析教育指标与教育发展以及社会发展之间的互动关系；另一方面，从教育产出指标、教育投入指标、教育机会指标和教育过程指标四个维度，比较中国与 OECD 主要发达国家的教育指标，探讨中国教育在世界教育中的地位。

2. OECD 教育前沿·社会与情感能力研究丛书

21 世纪以来，OECD 开展了多轮 PISA 测评，对全球 15 岁学生的阅读、数学和科学三门学科能力进行测评，并对结果进行排序。PISA 测评已成为全球教育界的奥林匹克竞赛，对世界教育政策产生了巨大影响，对推进学生认知领域的发展发挥了重要作用。2018 年，OECD 推出了一个新的国际教育调查项目——全球青少年社会与情感能力测评（Survey on Social and Emotional Skills，简称 SSES），着眼于促进青少年非认知领域的发展，旨在测评参与国家和地区的 10 岁和 15 岁组学生的社会与情感能力发展及其影响因素和预测作用。

华东师范大学作为 OECD 的合作伙伴，积极参与 OECD 的多个研究项目，与 OECD 形成了良好的互动关系。华东师范大学与苏州市合作，积极推进社会与情感能力测评项目在中国的实施。苏州市 10 个区县的入样学校参与抽样。2019 年有 151 所中小学校、7000 多名中小学生参与正式测评，并与 OECD 的 9 个成员国的 10 个城市一起开展了大规模的全球测评。本系列中的《超越学科学习：社会与情感能力研究首轮中国报告》《社会与情感能力：从政策到培养》《超越学科学习：社会与情感能力研究首轮全球报告》比较全面地展现了这方面的成果。这些成果通过大量翔实的测评数据，反映苏州中小学生的社会与情感能力发展水平，以及影响学生社会与情感能力发展的诸多因素，分析社会与情感能力对学生未来成功、幸福感和生活满意度等的预测作用。通过对苏州学生测评数据的深入研究和国际比较分析，能够探索中国学生在社会与情感能力方面的优势与不足，扎实落实国家倡导的发展素质教育，积极引领基于证据的学校变革实践，为未来我国开展学生综合素养评估探索新的路径。

哪些能力能够促进个体幸福感与社会进步？2014年3月23—24日在巴西圣保罗举行的OECD"促进社会进步的能力"非正式部长级会议上，包括11位教育部长和副部长在内的政策制定者讨论了这一问题。会议达成一致意见：需要培养认知能力、社会与情感能力平衡且全面发展的儿童，以便他们能够更好地应对21世纪的挑战。2015年OECD发布了一份题为《促进社会进步的能力：社会与情感能力的力量》(*Skills for Social Progress: The Power of Social and Emotional Skills*) 的报告，呈现了OECD对社会与情感能力作用的全面分析，同时提出了提高社会与情感能力的策略。本系列包含这份较有影响的报告。

在我国，自21世纪以来，《国家中长期教育改革和发展规划纲要（2010—2020年）》(2010年)、《中国教育现代化2035》(2019年)、《深化新时代教育评价改革总体方案》(2020年)、《关于进一步减轻义务教育阶段学生作业负担和校外培训负担的意见》(2021年) 等一系列重大教育改革和发展政策颁布，强调面向全体学生，促进学生全面发展，全面实施素质教育，着力提高教育质量；落实立德树人根本任务，发展素质教育，推进教育公平。从实施素质教育到发展素质教育，需要明确教育发展方向，转变教育发展方式，变革育人方式，以人的发展为中心，促进教育高质量发展。

结合国家的重大战略主题，我们需要回答的关键问题是：培养什么人？怎样培养人？发展什么样的素质教育？如何发展素质教育？这些不仅是世界共同探讨的前沿主题，也是中国面临的世纪问题。从世界教育发展趋势来看，全球都在探讨如何通过教育促进人的成功，如何通过教育促进人的健康与幸福。超越传统知识授受的学科学习教育范式，关注学生的社会与情感能力，应对21世纪不确定性社会和终身学习社会的诸多挑战，已经成为世界教育发展的重大课题。

"OECD教育前沿"系列不仅有利于回应国家教育政策对教育工作提出的发展素质教育、提升学生综合素质的要求，而且有利于解决我国目前教育中存在的"重智育、轻德育""重应试、轻素养""重'育分'、轻育人""重知识、轻创新"等问题。同时，从国际比较的视角审视自身的教育质量、公平性以及发展效率，可以在世界坐标系中定位中国教育，作出中国的回答。通过开展国际对话与国际比较研究，让中国教育走出去，扩大中国教育的国际影响力，有助于为人类教育事业的发展探索中国道路，作出中国贡献。

"OECD教育前沿"系列是跨学科、跨部门、跨国的合作研究成果，内容前沿，视角新颖，有利于及时把握发达国家教育政策的发展趋势，及时了解当今世界教育研究的最新动向。这些成果有助于我国回答面向21世纪"培养什么人？""怎样培养人？"等重大问题，为未来如何测评"软技能"以及如何在学校层面开展社会与情感能力实践提供思路借鉴。

黄忠敬

2024年5月6日

前　　言

　　儿童和青少年要想在现代生活中取得成功，需要在认知能力（cognitive skill）和社会与情感能力（social and emotional skill）之间取得平衡。认知能力是指通过成就测试和学业成绩测量的能力，已被证明可以影响个人在教育和劳动力市场上成功的可能性。认知能力还可以预测更广泛的结果，如自感健康（perceived health）、社会和政治参与以及信任。相应地，社会与情感能力，如毅力、乐群和自尊，已被证明会影响许多社会结果的测量指标，包括改善健康状况，提高主观幸福感并降低行为问题出现的概率。认知能力和社会与情感能力相互作用、相互渗透，使儿童能够在学校内外取得成功。例如，社会与情感能力可以帮助儿童将意图转化为行动，从而提高他们大学毕业的可能性，遵循健康的生活方式，防止出现攻击性行为。

　　一些重要的社会与情感能力在儿童期和青少年期是可塑的，这让政策制定者、教师和家长有机会在这些阶段为儿童提供合适的学习环境。虽然我们对社会与情感能力的重要性有共识，但是对提高社会与情感能力的"有效方法"以及为测量和培养这些能力所做的努力往往认识不足。

　　本报告综合了在经济合作与发展组织（Organisation for Economic Co-operation and Development，简称OECD）教育研究与创新中心（Centre for Educational Research and Innovation，简称CERI）"教育和社会进步"（Education and Social Progress，简称ESP）项目支持下进行的三年分析研究。它包括文献综述、纵向数据的实证分析以及对OECD国家和伙伴经济体政策与实践的考察。本报告确定了培养社会与情感能力的有效途径，包括：强化教育者（如父母、教师和辅导者）和儿童之间的牢固关系，在现有的课程活动中调动现实生活中的实例和实践经验，并在课外活动中强调实践学习。改善学习环境和实践不一定需要重大改革或许多资源，我们可以通过调整现有课程和课外活动的方式来实现。

此外，本报告表明，社会与情感能力可以在文化和语言范畴内进行有意义的测量。这些测量可以帮助政策制定者更好地评估儿童目前的能力组合和未来需求，从而帮助教师和家长有效地调整相应的教学、养育和学习环境。OECD 致力于在国际比较的框架内发展这些测量工具，包括在国际学生评估项目（Programme for International Student Assessment，简称 PISA）以及"教育和社会进步"项目的新阶段持续努力，后者将涉及改善现有的社会与情感能力测量工具，以更好地了解社会与情感能力在不同国家和文化中的水平和发展过程。

安德烈亚斯·施莱歇尔

OECD 教育与技能司司长

致　谢

本报告的作者是来自经济合作与发展组织（Organisation for Economic Co-operation and Development，简称 OECD）的宫本浩二（Koji Miyamoto）、玛丽亚·德尔卡门·许尔塔（Maria del Carmen Huerta）、卡塔日娜·库巴卡（Katarzyna Kubacka）、池佐广子（Hiroko Ikesako）和埃洛迭·德奥利韦拉（Elodie de Oliveira）。本报告中的分析是 OECD 教育研究与创新中心（Centre for Educational Research and Innovation，简称 CERI）"教育和社会进步"（Education and Social Progress，简称 ESP）项目的主要成果，该项目由宫本浩二领导。

有许多研究人员在第三章和第四章的实证分析中投入了大量的时间和精力，他们是：塞尔希奥·乌尔苏阿（Sergio Urzua）、米格尔·萨尔佐萨（Miguel Sarzosa）和里卡多·埃斯皮诺萨（Ricardo Espinoza）[美国马里兰大学（University of Maryland）]，本·爱德华兹（Ben Edwards）和加林娜·达拉加诺娃（Galina Daraganova）[澳大利亚家庭研究所（Australian Institute for Family Studies）]，史蒂文·格罗内兹（Steven Groenez）[比利时鲁汶大学（University of Leuven）]，罗斯·芬尼（Ross Finnie）[加拿大渥太华大学（University of Ottawa）]，迈克尔·科特伦伯格（Michael Kottelenberg）和史蒂夫·莱勒（Steve Lehrer）[加拿大女王大学（Queen University）]，弗里德黑尔姆·普法伊费尔（Friedhelm Pfeiffer）和卡斯滕·罗伊斯（Karsten Reuss）[德国欧洲经济研究中心（Centre for European Economic Research）]，黄丽红（Lihong Huang）[挪威奥斯陆和阿克斯胡斯应用科学大学（Oslo and Akershus University of Applied Sciences）]，扬-埃里克·古斯塔夫松（Jan-

1

Eric Gustafsson）和埃利亚斯·约翰内松（Elias Johannesson）[瑞典哥德堡大学（Gothenburg University）]，罗宾·萨穆埃尔（Robin Samuel）[瑞士巴塞尔大学（University of Basel）]，尼基·舒尔（Nikki Shure）[英国牛津大学（University of Oxford）]，丹·舍曼（Dan Sherman）和栗依冰（Yibing Lee）[美国研究所（American Institutes for Research）]。

　　特别感谢詹姆斯·J. 赫克曼（James J. Heckman）[美国芝加哥大学（University of Chicago）]和约翰·Q. 伊斯顿（John Q. Easton）[美国斯宾塞基金会（Spencer Foundation）]对草案提出了大量的意见和建议。还要感谢托马索·阿加西提（Tommaso Agasisti）[意大利米兰理工大学（Politecnico di Milano）]、安杰拉·达克沃思（Angela Duckworth）[美国宾夕法尼亚大学（University of Pennsylvania）]、查尔斯·法德尔（Charles Fadel）[美国课程重新设计中心（Center for Curriculum Redesign）]、塔蒂亚娜·菲尔盖拉斯（Tatiana Filgueiras）和劳拉·罗德里格斯·迪皮佐（Laura Rodrigues di Pizzo）[艾尔顿·森纳基金会（Ayrton Senna Foundation）]、菲利普·德弗鲁伊特（Filip de Fruyt）[比利时根特大学（Ghent University）]、奥利弗·约翰（Oliver John）[美国加利福尼亚大学伯克利分校（University of California at Berkeley）]、蒂姆·考茨（Tim Kautz）（美国芝加哥大学）、帕特里克·基洛宁（Patrick Kyllonen）[美国教育考试服务中心（Education Testing Services）]、拉尔斯·内德鲁姆（Lars Nerdrum）[挪威常驻法国OECD代表团（Permanent Delegation of Norway to the OECD）]、彼得·蒂姆斯（Peter Tymms）和塞萨雷·阿卢瓦西（Cesare Aloisi）[英国杜伦大学（Durham University）]、乌尔苏阿和萨尔佐萨（美国马里兰大学），以及斯特凡·瓦尔特（Stefan Walter）[瑞士教育研究协调中心（Swiss Coordination Centre for Research in Education）]有见地的评论。来自OECD的同事，包括弗朗切斯科·阿维萨蒂（Francesco Avvisati）[教育与技能司（Directorate for Education and Skills）]，玛丽昂·德沃（Marion Devaux）、克里斯托弗·普林茨（Christopher Prinz）、多米尼克·理查森（Dominic Richardson）和佛朗哥·萨西（Franco Sassi）[就业、劳工与社会事务司（Directorate for Employment,

2

Labour and Social Affairs）], 卡丽·埃克斯顿（Carrie Exton）和科纳尔·史密斯（Conal Smith)[统计司（Statistics Directorate）] 也提出了建设性意见。感谢以下人士的工作：OECD 的林达·霍（Lynda Hawe）负责管理出版流程，索菲·利摩日（Sophie Limoges）的协助，来自设计媒体（Design Media）的罗曼·迪朗（Romain Duran）、阿兰·阿涅丝（Alain Agnès）、卡罗尔·肖莱（Carol Schollé）、樊尚·勒菲弗（Vincent Lefèvre）负责版面设计，朱莉·哈里斯（Julie Harris）和萨莉·欣奇克利夫（Sally Hinchcliffe）负责编辑手稿。

本报告的草案在 2014 年 3 月 23—24 日于巴西圣保罗举行的"促进社会进步的能力"（Skills for Social Progress）OECD 非正式部长级会议上提交。感谢巴西教育部、巴西国家教育研究院（Instituto Nacional de Estudos e Pesquisas Educacionais Anísio Teixeira，简称 INEP）和艾尔顿·森纳基金会共同组织此次活动。特别感谢若泽·恩里克·派姆（José Henrique Paim，巴西教育部长）、维维亚娜·森纳（Viviane Senna，巴西艾尔顿·森纳基金会主席）和若泽·弗朗西斯科·苏亚雷斯（José Francisco Soares，巴西国家教育研究院院长）成功举办此次活动。

非常感谢对本报告作出宝贵贡献和提出建议的教育研究与创新中心理事会成员和巴西、希腊及俄罗斯联邦的代表，以及"促进社会进步的能力"非正式部长级会议的与会者。最后，我们衷心感谢 OECD 创新与进步测量司（Innovation and Measuring Progress Division）司长德克·范达默（Dirk Van Damme）对本报告编写的指导，以及 OECD 的玛尔塔·里林（Marta Rilling）在整个出版过程中给予的关注。

6

目 录

8

表　目　录

图 目 录

9

专栏目录

缩　略　语

ABC	初学者项目 /Abecedarian Project
ATE	平均处理效应 /average treatment effects
BAM	成为男子汉 /Becoming a Man
BMI	体重指数 /body mass index
CEGO	体验式教育中心 /Centre for Experience-based Education
CERI	教育研究与创新中心 /Centre for Educational Research and Innovation
CSE	公民和社会参与 /civic and social engagement
ESP	教育和社会进步 /Education and Social Progress
GDP	国内生产总值 /gross domestic product
HBSC	学龄儿童健康行为 /Health Behaviour in School-aged Children
IQ	智商 /intelligence quotient
MLES	蒙特利尔纵向实验研究 /Montreal Longitudinal Experimental Study
NAEC	应对经济挑战的新方法 /New Approaches to Economic Challenges
NEET	既不就业也不参加教育或培训 /neither in employment nor in education or training
NFP	护士–家庭合作项目 /Nurse-Family Partnership
PEDT	地区教育项目 /projet éducatif territorial
PIAAC	国际成人能力评估项目 /Programme for the International Assessment of Adult Competencies
PISA	国际学生评估项目 /Programme for International Student Assessment
PSHE	个人、社会、健康和经济教育 /personal，social，health and

economic education

PTE	教育之路 /Pathways to Education
SAFE	有序的、积极的、集中的和明确的 /sequenced, active, focused and explicit
SEL	社会与情感学习 /social and emotional learning
SOL	学习的社会结果 /Social Outcomes of Learning
SSDP	西雅图社会发展计划 /Seattle Social Development Project
STAR	实现复原力的步骤 /Steps to Achieving Resilience
WHO	世界卫生组织 /World Health Organization

纲　　要

　　哪些能力能够促进个体幸福感与社会进步？2014 年 3 月 23—24 日在巴西圣保罗举行的经济合作与发展组织（Organisation for Economic Co-operation and Development,简称OECD）"促进社会进步的能力"非正式部长级会议上，包括 11 位教育部长和副部长在内的政策制定者讨论了这一问题。会议达成一致意见：需要培养认知能力、社会与情感能力平衡且全面发展的儿童，以便他们能够更好地应对 21 世纪的挑战。家长、教师和雇主知道，有才华、有动力、有目标和合作能力的儿童更有可能经受住生活难关的考验，在劳动力市场上表现良好，从而实现终身成功。然而，各国和地方辖区在提供旨在测量和提高毅力、自尊和乐群等社会与情感能力的政策和项目方面仍存在很大差异。教师和家长可能不知道他们发展这些能力的努力是有益的，他们怎样可以做得更好。这些能力很少在学校和大学录取决定中被考虑到。

　　这些差距背后一个可能的原因是认为社会与情感能力很难测量。虽然可靠地测量这些能力确实具有挑战性，但心理社会测评的最新发展指出，有一些工具能可靠地测量在一种文化或语言范畴内相关的社会与情感能力，这些工具已经在选定的地方学区使用。造成这些差距的另一个原因可能是人们认为社会与情感能力很难提高，特别是通过正规的学校教育。好消息是，至少一些基本的社会与情感能力是可塑的，政策制定者、教师和家长可以通过改善学习环境来提升这些能力，从而发挥关键作用。

　　本报告提供了一种综合的 OECD 实证研究，旨在确定促进儿童未来发展的社会与情感能力类型，同时描述了政策制定者、学校和家庭如何通过教学、养育实践和干预项目来促进社会与情感能力发展的证据。本报告还调查了政策制定者和学校如何回应监测和提高社会与情感能力的需求。报告最后提出了一个问题，即教育利益相关者是否可以做得更多，以更好地推动发展这些能力。下面概述主要发现。

儿童要拥有一套平衡的认知能力、社会与情感能力才能获得积极的生活结果

来自 9 个 OECD 国家的纵向研究分析的证据表明，认知能力和社会与情感能力这两者在改善经济和社会结果方面都发挥着重要作用。提高儿童的认知能力水平——通过读写能力、学业成就测试和学业成绩来测量——对高等教育入学率和劳动力市场结果有特别强烈的影响。提高社会与情感能力水平——如毅力、自尊和乐群——对改善与健康相关的结果和主观幸福感，以及减少反社会行为具有特别强的作用。结果表明，责任感、乐群和情绪稳定性是影响儿童未来前景的社会与情感能力的重要方面。社会与情感能力不是孤立起作用的，而是与认知能力相互作用、相互影响，并进一步提高儿童在未来生活中取得积极结果的可能性。

教师和家长可以通过强化与儿童的牢固关系和调动实践学习经验，来帮助提高儿童的社会与情感能力

与流行的误解相反，儿童并非生来就有一套固定的能力。一些重要的能力是具有可塑性的。政策制定者、教师和家长可以在改善促进学生发展的学习环境方面发挥作用。本报告建议强化教育者（如父母、教师和辅导者）与儿童之间的牢固关系，在现有的课程活动中调动现实生活中的实例和实践经验，并在课外活动中强调实践学习，这些都是增强儿童责任感、团队合作能力和自信心的有效方法。成功的针对处境不利家庭的儿童早期干预项目通过培训项目让家长参与进来。针对年龄较大儿童的项目则强调教师的专业发展。在青少年中，辅导似乎特别重要，而工作场所的实践经验可以培养团队合作能力、自我效能感和动机等。学习环境和实践的改善并不一定需要重大改革或许多资源，相反，可以将其纳入正在进行的课程和课外活动中。

由于"由能力产生能力",社会与情感能力的早期干预在提高能力以及缩小教育、劳动力市场和社会差距方面发挥重要作用

在儿童早期和青少年期,社会与情感能力相对更具可塑性。对社会与情感能力的早期投资尤其重要,因为这些能力是在以往对这方面的投资基础上逐步发展起来的。而且,那些具有较强社会与情感能力(如自信心和毅力)的人可能会从对认知能力(如数学和科学课程)的进一步投资中获益更多。因此,生命早期的微小能力差距可能导致整个生命周期中的巨大差距,这些能力差距可能导致经济和社会差距的扩大。干预项目和大规模纵向研究提供了相关证据,证明对社会与情感能力的早期投资和持续投资,对于改善处境不利群体的社会经济前景具有积极影响。

社会与情感能力可以在一种文化或语言范畴内进行可靠的测量

一些可靠的社会与情感能力测量至少可以在一种文化或语言范畴内跨年龄组使用,包括自我报告的人格、行为特征和客观心理测评等。其中一些测量已被证明可用于预测教育、劳动力市场和社会成功的许多指标。它们可以为教师和家长提供机会,以确定是否需要调整教学和养育实践来提高重要的社会与情感能力。然而,还需要作出更多努力来确定相关的社会与情感能力结构,并改进测量工具,使其对不同文化和语言的多样性和反应方式具有强大的适应性。OECD 将继续在国际学生评估项目(Programme for International Student Assessment,简称 PISA)、"教育和社会进步"(Education and Social Progress,简称 ESP)项目新阶段——关注测评社会与情感能力的分布和发展情况——的基础上继续推动这一进程。

教育利益相关者将受益于关于哪些方法和指南有助于促进儿童的社会与情感能力发展的信息

15

OECD 国家和伙伴经济体普遍认识到通过学校教育培养社会与情感能力的重要性。然而,各国在培养这些能力方面存在差异。此外,在如何最好地调动儿童的社会与情感能力方面,利益相关者的知识、期望和能力之间存在巨大差距。广泛传播详细的循证指南将有助于缩小这些差距,并鼓励那些信息和经验有限的教师。

利益相关者要共同努力，确保儿童获得终身成功并为社会进步作出贡献

政策制定者、教师、家长和研究人员可以通过积极参与所负责领域的开发来帮助增强儿童的发展潜力。然而，鉴于"由能力产生能力"（skills beget skills），教育政策和项目要确保不同学习环境（即家庭、学校和社区）和不同学校教育阶段（即小学、初中和高中）之间的一致性。这是在整个生命周期使能力投资回报最大化的重要方式。

第一章

教育和能力在当今世界的作用

　　今天的社会经济环境带来了影响儿童和青少年未来的新挑战。虽然受教育机会大大增加，但良好的教育不再能保证就业；经济危机后失业率的上升对青年的影响尤为严重。类似于肥胖和公民参与度下降等问题越来越突出，同时，人口老龄化和环境前景也令人担忧。此外，劳动力市场和社会结果方面的不平等有扩大的趋势。教育具有应对这些挑战的巨大潜力，它能提高人的各种能力。认知能力固然重要，而社会与情感能力，如毅力、自我控制和复原力同样重要。为了个体的幸福和社会的繁荣昌盛，所有这些能力都要得到重视和培养。

　　（有关以色列的统计数据由以色列有关当局提供并负责。OECD 使用这些数据无意损害国际法条款对戈兰高地、东耶路撒冷、约旦河西岸犹太人定居点的界定。）

活着的最大荣耀不在于永不跌倒，而在于每次跌倒后都能站起来。

——纳尔逊·曼德拉（Nelson Mandela）

本报告的目标

儿童需要一套平衡的认知能力和社会与情感能力来适应当今这个需求苛刻、不断变化和不可预测的世界。那些能够灵活应对 21 世纪经济、社会和技术挑战的人有更多机会获得富足、健康和幸福的生活。特别是社会与情感能力，它在应对预料之外的事情、处理多重需求、控制冲动和与他人有效合作方面非常重要。

与流行的错误观念相反，儿童并非天生就具有一套固定的没有改进空间的能力。儿童不是天生的"数学人""有创造性的人"或"注意力集中的人"。儿童基于巨大的潜力开始他们的生活并发展这些能力。这些能力是否蓬勃发展，取决于他们在儿童期和青少年期的学习环境。有证据表明，在这两段时期，大脑有巨大的可塑性，这体现在大脑具有可以用来学习、改变和发展的巨大能力。能力具有可塑性，可以通过实践得到发展，通过日常练习得到提高。认知能力、社会与情感能力也许可以独立发展，但随着个体逐渐发展这些能力，它们又相互影响。例如，有自控力的儿童更有可能读完一本书，完成一份数学作业或跟进一个科学课程项目，所有这些都有助于进一步提高认知能力。

许多政策制定者、教师和家长都知道，社会与情感能力对儿童的未来前景至关重要。然而，他们通常缺乏关于需要培养的具体能力类型以及如何才能最好地促进这些能力发展的信息。

因此，本报告提供了以下证据：

- 哪些社会与情感能力会影响个体未来的经济和社会前景，以及它们是如何产生影响的。
- 哪些学习环境促进了儿童社会与情感能力的发展，以及它们是如何促进的。

- 教育利益相关者在多大程度上认识到培养社会与情感能力的重要性，以及在多大程度上实施鼓励提高社会与情感能力的政策、实践和测评。

本报告通过将当前的教育政策、教育实践与已有的关于哪些能力和学习环境至关重要以及如何提高这些能力的证据进行对比，从而得出结论。本报告随后提出了政策制定者、学校管理者和研究人员可以采取哪些措施来弥合差距，更好地提高儿童的能力，实现儿童积极的终身结果，并为社会繁荣作出贡献。

当今的社会经济状况

当前的社会经济环境需要强有力的创新方法来增进个体幸福感和促进社会进步

最近的经济危机给社会造成相当大的破坏，青年是其中最受影响的群体之一。今天的年轻人在实现经济独立和生活满意度方面面临许多挑战。全球化趋势也带来了新的挑战，例如，人口老龄化、家庭分裂、信任危机和环境威胁。而且，在社会经济的许多方面，不平等的现象也在增加。本节简要介绍 OECD 国家和伙伴经济体当前的社会经济状况。

近几十年来最大的社会成就之一就是受教育程度的提高。2012 年，接近 40% 的 25—34 岁人口完成了高等教育，而且该年龄段只有 17% 的人没有接受过高中教育（OECD，2014）。这是一项重要的成就，因为受教育程度高与一系列理想的社会经济结果呈正相关。然而，近年来，学历已经不足以保证找到并保住一份工作，特别是在经济困难时期。与此同时，雇主们也在努力寻找具备合适能力的员工。

大多数 OECD 国家的失业率很高。在最近的危机中，失业率明显上升，有许多国家处于创纪录的水平。受教育程度低的个体遭受的打击最严重，尤

19

其是年轻人（见图 1.1）。在 OECD 国家中，青年的平均失业率在 2007—2012
年提高了超过 4 个百分点（从 12.0% 上升至 16.3%）（OECD，2013a）。对
新一代来说，不论他们的受教育程度如何，从学校到工作的过渡都变得越
来越困难。然而，那些没有受过良好教育的年轻人才是最艰难的（OECD，
2014）。改善年轻人就业前景的方法应考虑到培养他们的社会与情感能力，
如毅力、责任感和动机。有证据表明，这些能力对在劳动力市场取得成功非
常重要（Kautz et al.，2014）。

15/16—24岁人口所占百分比

图 1.1　青年失业率在许多 OECD 国家创最高纪录

注：各国按 2012 年青年失业率降序排列。

资料来源：OECD (2013a), *Online OECD Employment Database*, www.oecd.org/employment/
database (accessed 12 February 2014).

StatLink ᔶ᎒᎒᎒ http://dx.doi.org/10.1787/888933163629

对健康问题的关注也在增加。工作、家庭和闲暇时间的体育活动减少是
导致肥胖率上升的主要因素之一（OECD，2010a，2013b）。虽然不同国家
之间的数据差异很大，但自 1980 年以来，大多数国家成人和儿童的肥胖率
一直在稳步上升。今天，在 34 个 OECD 国家中，有 20 个国家的成人超重
和肥胖率超过 50%（OECD，2013b）。儿童肥胖率也很高（见图 1.2），超过
20% 的 5—17 岁儿童被列为超重或肥胖（OECD，2013b）。肥胖之所以成为
一个主要的健康问题，是因为肥胖是导致许多身体问题（包括糖尿病和心血

管疾病）、心理问题（包括自卑和焦虑不良）与社会问题（如欺凌）的一个风险因素。培养社会与情感能力可以使个体遵循更健康的生活方式，保持身体健康，控制自己的冲动并保持稳固的个人关系，从而有助于解决肥胖问题（OECD，2010b）。

5—17岁超重或肥胖儿童所占百分比

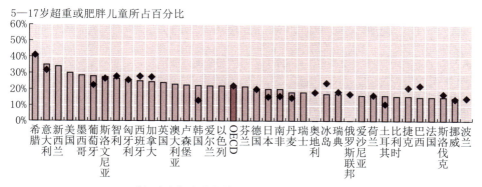

图 1.2　有 20% 的儿童受超重影响

注：各国 21 世纪头十年末按超重率降序排列。估计值基于各国对儿童体重和身高测量的调查。数字代表男孩和女孩肥胖率的未加权平均值。21 世纪头十年初以下国家的数据暂缺：澳大利亚、芬兰、法国、爱尔兰、以色列、英国、爱沙尼亚、比利时、卢森堡、墨西哥、新西兰、瑞士和美国。21 世纪头十年末以下国家的数据暂缺：奥地利、波兰和俄罗斯联邦。

资料来源：OECD (2011a), *Health at a Glance 2011: OECD Indicators*, OECD Publishing, Paris, http://dx.doi.org/10.1787/health_glance-2011-en and OECD (2013b), *Health at a Glance 2013: OECD Indicators*, OECD Publishing, Paris, http://dx.doi.org/10.1787/health_glance-2013-en.

StatLink　http://dx.doi.org/10.1787/888933163630

　　青少年中的欺凌是一个严重的、常见的社会问题，可能会对成年后产生影响。在 OECD 国家，有大约十分之一的男生报告在学校受到欺凌[1]（见图 1.3）；相似比例的男生报告欺凌他人（Currie et al.，2012）。自 1994 年学龄儿童健康行为（Health Behaviour in School-aged Children，简称 HBSC）研究开始

---

[1]　图 1.3 只显示了男生的欺凌发生率（prevalence rate）。欺凌和被欺凌在男生中比在女生中更常见（在女生中，欺凌和被欺凌的发生率约为 6%）。

收集这些数据以来，没有迹象表明学校中的欺凌程度有所上升。然而，新的欺凌形式，如随着数字社交网络的出现而出现的在线欺凌和电话欺凌，并没有体现在本研究中。除此之外，虽然在线欺凌不如线下欺凌普遍，但它可能会导致比线下欺凌更高程度的伤害（Livingstone et al.，2011）。一些干预，如提高自尊、管理愤怒和攻击性情绪、建立复原力等，可能有助于降低欺凌参与以及长期的健康和社会成本（Wolke et al.，2013）。

报告在过去两个月中至少受到两次欺凌的11—15岁男生所占百分比

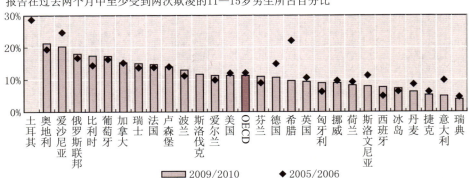

图 1.3　有 10% 的男生报告在学校受到欺凌

注：各国按 2009/2010 年的欺凌发生率降序排列。斯洛伐克（2005/2006）和土耳其（2009/2010）的数据缺失。英国的数据不包括北爱尔兰。

资料来源：Data for 2005/2006: Currie, C. et al. (2008), *Inequalities in Young People's Health: HBSC International Report from the 2005/2006 Survey*, Regional Office for Europe, WHO (World Health Organization) Publishing, Copenhagen. Data for 2009/2010: Currie, C. et al. (2012), *Social Determinants of Health and Well-being among Young People: Health Behaviour in School-aged Children (HBSC) Study: International Report from the 2009/2010 Survey*, Regional Office for Europe, WHO (World Health Organization) Publishing, Copenhagen.

StatLink ᘛ᠍ᜆ᠍ᘚ http://dx.doi.org/10.1787/888933163645

21　　　OECD 国家的公民和社会参与（civic and social engagement，简称 CSE）有所下降。在全球经济危机之后，大多数 OECD 国家对国家政府和机构的信任度有所下降（OECD，2013c）。失业率高的国家经历了最猛烈的信任度下降（OECD，2013c）。同样，大多数 OECD 国家的投票率也有所下降（见图

1.4）。不过，从积极的方面来看，帮助陌生人和从事志愿服务这两方面则表现出相反的趋势：自经济危机爆发以来，它们都有所上升。一些迹象表明，人们可能会更愿意向家人和朋友寻求支持，而不是向机构求助。

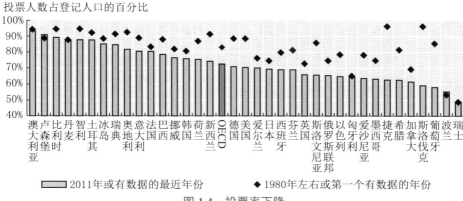

投票人数占登记人口的百分比

图 1.4　投票率下降

注：各国按 2011 年或有数据的最近年份的投票率降序排列。对于一些国家，参加总统选举和地区选举的人数可能会高于全国议会选举，这也许是因为这些通过不记名投票产生的被选举人对这些国家的管理方式更为重要。此外，相对频繁的选举可能会导致投票率下降（如瑞士）。

资料来源：OECD (2013c), "Well-being and the global financial crisis", in *How's Life? 2013: Measuring Well-being*, OECD Publishing, Paris, http://dx.doi.org/10.1787/how_life-2013-7-en.

StatLink ▦▦ http://dx.doi.org/10.1787/888933163657

生活满意度也有所下降，特别是受经济危机影响最严重的国家（OECD，2013c）。这可能是由多种因素造成的，但较高的失业率可能起了重要作用（OECD，2013c）。失业不仅会导致物质损失和精神压力，还会导致其他与工作相关的利益损失，如自尊和社会关系。此外，最近的调查表明，人们对未来生活满意度的乐观态度在经济危机之后的几年里会有所下降（OECD，2013c）。

在 OECD 国家和伙伴经济体中，经济和社会结果不平等是明显的。20 世纪 80 年代中期至 21 世纪头十年末，大多数 OECD 国家的收入不平等现象在扩大，而随着经济危机的发生，差距进一步扩大（OECD，2008；OECD，2011b）。不平等的收入分配转化为商品和服务的不平等，包括教育和健康。毫不奇怪，教育和健康结果遵循社会梯度：社会经济背景越差，个体的教育表现和健康状况就越差（WHO，2008）。社会流动因此越来越难以实现。今天，年轻人更加依靠自己的能力和动机来获得未来的成功。那些出身不富裕的儿童需要额外的支持来发展社会与情感能力，帮助他们获得与处于优势地位的同龄人相同的生活机会。

22　　**长期趋势将带来更多挑战**

人口老龄化加上家庭规模、家庭结构、父母就业的变化，再同环境威胁一起，给政府、家庭和社会带来了普遍的额外压力。此外，技术进步已经对人们的学习、工作和社交方式产生了重大影响，将继续改变我们的社会。

预期寿命的延长以及生育率的下降正在导致人口老龄化。这意味着，将会有越来越多的依赖者需要被较少数的经济活跃人群供养，这可能会导致政府和社会在健康、养老金和长期护理等领域的支出增加。2011 年，OECD 国家公民的寿命预期超过 80 岁，比 1970 年延长了 10 年，令人吃惊（OECD，2013b）。与此同时，OECD 国家的家庭低于或接近每名妇女有两个孩子的更替水平（OECD，2013d）。

随着家庭变得越来越小和越来越不稳定，以及越来越多的女性去参加工作，家庭支持的性质（包括货币和非货币）正在发生变化。今天在大多数 OECD 国家，双职工家庭是常态。在 OECD 国家，有三分之二养育 15 岁以下子女的女性在工作（OECD，2013d）。随着更多女性完成高等教育，这种趋势可能会继续，同时女性的职业期望值呈上升趋势（OECD，2012a）。家庭规模越小，意味着可以共同照顾儿童和老人的人就越少。此外，非传统家庭和女性就业人数的增加意味着家庭将更加难以提供和获得所需的支持。家庭的变化趋势与人口老龄化一同给代内和代际的团结带来了实质性挑战。培养具有社会责任感和奉献精神的公民，有助于应对家庭网络减少带来的挑战。

环境压力是社会需要面对和解决的另一个重大挑战。OECD 强调了一些关键问题，这些问题需要被紧急关注，以停止对地球自然资源的过度开发和耗损。这些问题包括破坏性的气候变化、生物多样性的持续损失、淡水供应和城市空气污染对健康的影响（OECD，2012b）。对环境负责和积极参与的公民对减少社会在地球上留下的足迹至关重要。

此外，全球化和技术进步将继续带来变革，并引发进一步的不平等。反过来，这将导致更不平等的资源分配，不太富裕的家庭变得不太能够支持教育所需要的产品和服务。因此，除非作出额外的努力，否则，与处于优势地位的同龄人相比，家庭不太富裕的儿童将继续处于劣势，社会流动将变得更加难以实现。我们的全球化世界需要能够理解自己的行为对他人的影响，并且能够在未来不可预见的挑战中迅速适应和蓬勃发展的个体。

今天的政策有很多挑战，因此需要更好的政策来扭转趋势，改善未来的前景。最近的经济困境放大了这样一个事实：在竞争激烈的全球市场中，学历已不足以找到并维持一份高质量的工作。要在劳动力市场中取得成功、维持家庭、养育子女、过上健康的生活、为他人提供支持、成为积极的社会成员，需要更广泛的能力。政策制定者日益关注如何在儿童和年轻人中培养这些能力。

教育和能力在应对当今挑战中的作用

教育能对经济和社会结果产生积极影响

毫无疑问，教育可以改善个人的社会经济结果并促进社会发展。相比受教育程度较低的同龄人，受教育程度高的人更有可能获得工作机会，拥有健康的身体，以更健康的生活方式生活，更积极地参与社会活动，并展现出更高的满意度（OECD，2010b；OECD，2014）。即使考虑年龄、性别和社会经济背景，这种正相关依然存在。但是，相关性的强弱程度在各个指标和教育水平上各不相同，而且不是线性的（OECD，2010b）。此外，关于教育对社会结果的因果影响和因果途径的证据仍然非常有限（OECD，2010b）。

OECD 以前的研究表明，教育在促进积极的生活结果方面具有潜在的重要作用。例如，教育可以防止失业和无业：受过高等教育的人就业率最高，没有受过高中教育的人就业率最低（OECD，2014）。同样，高学历［即接受过高等教育（tertiary education）］个体既不就业也不参加教育或培训（neither in employment nor in education or training，简称 NEET）的概率（OECD 国家约为 13%）低于低能力青年（即没有受过高中教育的人）的概率（OECD 国家约为 16%）（OECD，2014）。

同样，身体健康程度也与受教育程度密切相关。例如，预期寿命因受教育程度不同而有显著差异（尤其是男性）。在一个代表性的 OECD 国家，受过高等教育的 30 岁的人预期比受教育程度较低的同龄者活得更长：男性长 8 年，女性长 4 年（OECD，2012c）。同样，与受教育程度较低的成人相比，受过高等教育的成人肥胖的概率平均较低（OECD，2012c）。在高中阶段也能观察到健康结果的提高。平均而言，完成高中教育的人更有可能在自我报告的身体健康和心理健康方面取得积极结果。他们也不太可能有吸烟和饮酒等风险行为（OECD，2010b；OECD，2012c）。

公民和社会参与也与受教育程度呈正相关。平均而言，与受教育程度较低的同龄人相比，受教育程度高的人更有可能参加志愿服务，对政治感兴趣，参与投票和信任他人（OECD，2010b）。OECD 国家中受教育程度较高和较低的成人（25—64 岁）之间的投票率相差 14.8 个百分点（OECD，2012c）。公民和社会参与不仅可能受个体受教育程度的影响，还受家庭成员、同伴和社区受教育程度的影响。

OECD 成人技能调查（Survey of Adult Skills）的最新证据表明，受教育程度和社会结果之间呈很强的正相关，包括自我报告的健康、志愿服务、人际信任和政治效能（OECD，2013e；OECD，2014）。例如，在自我报告的健康状况中，受过高等教育的成人报告"身体健康"者比只受过高中以下教育的成人高 23%（OECD，2014）。

教育通过发展个体能力发挥对经济和社会结果的积极影响

教育可以通过帮助个体发展能力来促进社会发展。已有的 OECD 研究表明，相当一部分的教育回报可以归因于认知能力、社会与情感能力的发展（见专栏 1.1 ）。包括 PISA 和 OECD 成人技能调查在内的其他 OECD 研究结果也表明了能力在实现积极结果方面的重要性（OECD，2013e；OECD，2013f ）。

专栏 1.1　OECD 的"学习的社会结果"项目

自 2005 年以来，OECD 一直在评估学习在改善健康和社会凝聚力等社会结果方面的作用。基于教育有可能促进健康的生活方式、积极的公民和社会参与，"学习的社会结果"（Social Outcomes of Learning，简称 SOL ）项目旨在探索它们之间的关系、因果联系、因果机制和背景。该项目第一阶段（2005—2007 年）制订了一个概念框架，并绘制了与健康以及公民和社会参与不同领域相关的现有证据图谱，最终形成了《理解学习的社会结果》（*Understanding the Social Outcomes of Learning* ）（OECD，2007）。第二阶段（2008—2009 年）聚焦特定的健康子领域（即肥胖、心理健康和饮酒）以及公民和社会参与子领域（即志愿服务、政治兴趣和信任 / 包容），以评估教育是否、在多大程度上、为谁、如何以及在何种条件下能够帮助改善这些社会结果指标，最终形成了《通过教育改善健康和社会凝聚力》（*Improving Health and Social Cohesion through Education* ）（OECD，2010b ）。

"学习的社会结果"项目的主要发现：

- 教育——正式、非正式和非正规教育——主要通过提高能力或技能来帮助促进社会进步和人类福祉。
- 能力——认知能力、社会与情感能力——是教育影响社会结果的重要途径。
- 教育是应对健康、公民参与、犯罪等社会挑战的最具成本效益的策略之一。
- 如果在早期阶段不发展儿童的认知能力、社会与情感能力，那么教育的力量就是有限的。
- 家长、教师、学校管理者和社区在推动健康的生活方式和积极的公民意识中发挥着重要作用。
- 各部门和各级教育的政策需要协调一致。

该研究还表明了一些知识差距：
- 关于教育的因果影响和因果途径的证据是有限的。大多数关于因果关系的研究集中在中学，对学前、初等和高等教育阶段的研究很少。
- 对促进社会进步所需的认知能力、社会与情感能力的课程方法知之甚少。
- 可用的纵向微观数据有限，而这些数据对理解学习环境、能力和结果之间的复杂关系至关重要。
- 几乎没有证据表明教育对生态行为等社会领域的影响。

教育可以帮助提供各种能力，使个体能够更好地应对日常生活的挑战。阅读、计算和科学素养等认知能力可以让人们更好地了解信息、作出决策和解决问题。毅力、情绪稳定和乐群等社会与情感能力在实现积极结果方面也至关重要。这些能力使人们能够更好地将意图转化为行动，与家庭、朋友和社区建立积极的关系，以及避免参与不健康的生活方式和一些风险行为。在结果的形成过程中，社会与情感能力同认知能力一样重要（Heckman, Stixrud and Urzua，2006；Kautz et al.，2014）。

与此同时，PISA 2012 的最新结果表明，高自我信念/动机和期望[①]与高读写能力呈正相关（OECD，2013g）。例如，与男性同龄人相比，女性数学素养的较低表现与其对自己在学校取得成功的能力的信心较弱有关。在表现优异的国家，数学方面表现出较小的性别差距，而这与儿童对自己能力的更强信念有关（OECD，2013f）。在 PISA 2012 中，东亚国家跻身最成功的教育体系之列，其部分原因可能是将"努力"作为成功关键因素的文化价值观。

---

① PISA 2012 考察了学生在以下方面的自我报告：毅力，对问题解决的开放性，对数学和学校成功的控制感，对数学学习失败的自我责任感，以及学习数学的内在动机和工具性动机。这些测量中的大多数旨在获得学生对数学和学校成败的看法和动机，而不是为了测试一般的人格特质。

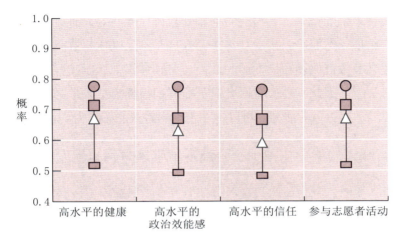

概率

图 1.5　高水平的读写能力提高了体验积极社会结果的概率

注：此处提供的估算值是 OECD 国家的均值。读写能力 2 级或以下意味着受测者可以阅读熟悉主题的简短文本，理解基本词汇，确定句子的含义，比较和对比信息，并作出低水平的推断。读写能力 3 级或以上意味着受测者可以至少理解并适当回应密集或冗长的文本，包括连续的、非连续的、混合的或多页的文本（OECD，2013e）。

资料来源：OECD (2013e), *OECD Skills Outlook 2013: First Results from the Survey of Adult Skills*, OECD Publishing, Paris, http://dx.doi.org/10.1787/9789264204256-en.

StatLink ᴍⁱˢ᷄ http://dx.doi.org/10.1787/888933163669

同样，OECD 成人技能调查证据表明，读写和计算能力与预测劳动力市场结果、健康、志愿服务、政治参与的资格一样重要（OECD，2013e）。

　　图 1.5 显示了在参与国[①]中，成人根据其受教育程度和读写能力[②]报告体

① 参加成人技能调查的 OECD 国家有澳大利亚、奥地利、比利时（佛兰德大区）、加拿大、捷克、丹麦、爱沙尼亚、芬兰、法国、德国、爱尔兰、意大利、日本、韩国、荷兰、挪威、波兰、俄罗斯联邦、斯洛伐克、西班牙、瑞典、英国（英格兰和北爱尔兰）和美国。

② 国际成人能力评估项目（Programme for the International Assessment of Adult Competencies，简称 PIAAC）将读写能力定义为"理解、评估、使用书面文本并与其互动，以参与社会生活，实现自己的目标，并发展自己的知识和潜力"（OECD，2013e）。读写（转下页）

验积极社会结果的概率。读写能力强和受教育程度高的人有更有可能体验积极的社会结果。然而，只接受高水平的教育并不足以体验最高概率的积极结果。受过高等教育但读写能力弱的成人与受教育程度低但读写能力强的成人的机会很接近。因此，受教育程度对于提高积极社会结果是必要的，但能力也很重要。掌握更多的能力，可以进一步提高教育的影响力。

教育和人的能力在减少社会经济不平等方面也能发挥重要作用

过去十年间，教育在抵制收入增长不平等方面发挥了核心作用（OECD，2011b）。高等教育毕业生人数的增加有助于抵消其他因素造成的差距，诸如劳动力市场和技术进步。然而，接受和参与高等教育仍然与社会经济背景密切相关。

处境不利的年轻人发现，他们更难完成教育并在学校表现良好。PISA 2012 的结果显示，所有国家都存在社会经济地位导致的表现差距，尽管有些国家的差距比其他国家小。例如，在数学方面，处于优势地位的儿童相比不太富裕的同龄人平均多得 90 分，这个得分差距相当于两年的学校教育（OECD，2013f）。自 2000 年 PISA 开始测评学生的表现以来，大多数国家在这些方面的差距几乎没有变化（OECD，2013f）。

表现差距始于生命早期。在生命的最初几年发展起来的认知能力、社会与情感能力，为未来的潜力奠定了基础；能力的获得是建立在早期发展的能力基础之上的。早期坚实的基础增加了体验积极结果的机会，而基础薄弱更容易导致挣扎，对儿童学什么或者不学什么会产生累积影响。然而，能力是可塑的，在人的一生中可能会造就不同的发展轨迹。对能力形成的早期投资更有可能有效地改善社会经济结果，并减少不平等（Kautz et al.，2014）。

（接上页）能力 2 级或以下意味着受测者可以阅读熟悉主题的简短文本，理解基本词汇，确定句子的含义，比较和对比信息，并作出低水平的推断。读写能力 3 级或以上意味着受测者可以至少理解并适当回应密集或冗长的文本，包括连续的、非连续的、混合的或多页的文本（OECD，2013e）。

迈向更全面的方法

近年来，人们越来越意识到需要考虑采用更全面的方法来找到促进个体幸福感和社会进步的因素。宏观经济统计数据只能描绘生活水平及其在社会不同群体中分布的部分情况。例如，在经济增长年代，国内生产总值（gross domestic product，简称 GDP）的增长并不总是伴随更高的满意度。显然，过去如此，现在更是如此，所以有必要制定能更好地反映与个体及其幸福感有关的各种因素的测量。经济繁荣对生活满意度和更广泛的幸福感至关重要，但它并不是唯一重要的事情。其他因素，如人际关系、健康、社会支持、人身安全、住房和环境条件也很重要（Layard，2005；OECD，2011c；OECD，2013c）。

十多年来，OECD 一直处于测量个体幸福感和社会进步的国际工作的前沿（见专栏 1.2）。其目标是为制定政策提供信息，帮助人们了解如何实现更高的生活水平、更平等的社会、更高的信任和社会参与度，以及更高的生活满意度。如上所述，通过提高个人的认知能力、社会与情感能力，教育可以在满足这些要求方面发挥重要作用。因此，有必要向政策制定者、教师和家长告知所需的认知能力、社会与情感能力类型及其培养方法。

专栏 1.2　OECD 关于个体幸福感和社会进步的活动

- 《OECD 美好生活倡议》（*OECD Better Life Initiative*）。该倡议是在 2011 年 OECD 成立 50 周年时启动的，旨在制定能更好地反映共同构成人们幸福感的各种结果的测量标准。美好生活指数（Better Life Index）是一个互动的网络工具，让公民参与个体幸福感和社会进步的测量。它允许人们制定自己的指数，将本国的个体幸福感与其他 OECD 国家和伙伴国家的个体幸福感进行比较。该指数涵盖收入和财富、就业和工资、住房条件、健康状况、工作与生活的平衡、教育和能力、社会关系、公民参与和治理、环境质量、人身安全和主观幸福感（www.oecdbetterlifeindex.org）。《生活如何？》（*How's*

Life?）是两年一次的报告，它对 OECD 和伙伴国家的个体幸福感和社会进步的总体趋势进行了概述，主要从物质条件、生活质量和可持续性三个方面审查了许多指标。

- 《**社会概览**》（*Society at a Glance*）。这是 2001 年首次发布的两年一度的报告。它旨在回答社会是否在进步，促进进步的行动是否有效。它提供了全面的社会指标，例如人口和家庭特征、就业和失业、贫困和不平等、健康状况、信任和包容。数据涵盖 OECD 国家和其伙伴经济体（www.oecd.org/els/societyataglance.htm）。

- 《**为儿童做得更好**》（*Doing Better for Children*）。该报告于 2009 年启动，是 OECD 第一份以多维度方法测量幸福感的出版物（OECD，2009）。该报告着眼于 OECD 国家儿童在儿童幸福感的若干方面的表现，包括物质幸福感、住房与环境、教育、健康、风险行为、学校生活质量。鉴于对儿童指标的强烈需求，OECD 开发了"**儿童幸福感模块**"（Child Well-being Module），这是一个数据集，包含关于特定年龄儿童幸福感的政策、家庭和社区环境以及结果的信息（www.oecd.org/social/family/database/CWBM）。

在接下来的几年，OECD 将继续在这一领域开展工作。此外，还成立了一个高级专家组（High Level Expert Group），继续斯蒂格利茨-森-菲图西委员会（Stiglitz-Sen-Fitoussi Commission）关于测量经济表现与社会进步（Measurement of Economic Performance and Social Progress）的研究。

"应对经济挑战的新方法"（New Approaches to Economic Challenges，简称 NAEC）是 OECD 的另一项重要活动，它采用综合方法来应对各种社会经济挑战。基于 OECD 丰富的知识库，这项活动反思了全球危机的根源和教训，旨在完善 OECD 的分析框架。"应对经济挑战的新方法"在 2012 年 OECD 部长级理事会（Ministerial Council Meeting，简称 MCM）上启动，旨在帮助各国确定政策选择的权衡、互补和意外后果，力求将多维度纳入政策设计。它还分析了阻碍当局识别和改善累积的紧张局势、监管失败和导致危机的全球不平衡因素。

结　论

在过去 30 年中，一些社会进步指标取得了重大进展，特别是在获得和参与教育方面。然而，其他指标并没有显示出显著的改进，而且收益的分配也不均衡。此外，最近的经济危机已经延缓甚至逆转了所取得的进展。再加上目前的全球趋势，这些给个体未来的幸福感和社会进步提出了新的挑战。

通过提高人的重要能力，教育可以为培养积极进取、参与和负责任的公民作出贡献。虽然读写和问题解决等认知能力至关重要，但具有强大的社会与情感基础的年轻人可以通过坚持不懈和努力工作，在高度动态的和能力驱动的劳动力市场上获得更好的发展。他们更有可能通过控制自己的冲动，采取健康的生活方式和保持稳固的人际关系，避免身体和精神疾病。通过培养同理心、利他主义和关怀，他们能够更好地提供社会支持，并积极参与社会和保护环境的行动。通过管理自己的情绪和适应变化，他们可以更有准备地抵抗生活中的风暴，如失业、家庭破裂、生病住院或其他伤害。

有必要重新考虑政策，以更好地满足年轻人面对现代世界挑战的需求。教育和能力培养投资是应对当今社会经济挑战，确保培养健康、参与、负责、快乐公民的关键政策之一。

参 考 文 献

Currie, C. et al. (2012), *Social Determinants of Health and Well-being among Young People: Health Behaviour in School-aged Children (HBSC) Study: International Report from the 2009/2010 Survey*, Regional Office for Europe, WHO (World Health Organization) Publishing, Copenhagen.

Currie, C. et al. (2008), *Inequalities in Young People's Health: HBSC International Report from the 2005/2006 Survey*, Regional Office for Europe, WHO (World Health Organization) Publishing, Copenhagen.

Heckman, J. J., J. Stixrud and S. Urzua (2006), "The effects of cognitive and non-cognitive skills abilities on labour market outcomes and social behaviour", *Journal of Labor Economics*, Vol. 24, No. 3, pp. 411–482.

Kautz, T. et al. (2014), "Fostering and measuring skills: Improving cognitive and non-cognitive skills to promote lifetime success", *OECD Education Working Papers*, No. 110, OECD Publishing, http://dx.doi.org/10.1787/5jxsr7vr78f7-en.

Livingstone, S. et al. (2011), *EU Kids Online II: Final Report*, The London School of Economics, London.

Layard, R. (2005), *Happiness: Lessons from a New Science*, Penguin, London.

OECD (2014), *Education at a Glance 2014: OECD Indicators*, OECD Publishing, Paris, http://dx.doi.org/10.1787/eag-2014-en.

OECD (2013a), *Online OECD Employment Database*, www.oecd.org/employment/database (accessed 12 February 2014).

OECD (2013b), *Health at a Glance 2013: OECD Indicators*, OECD Publishing, Paris, http://dx.doi.org/10.1787/health_glance-2013-en.

OECD (2013c), "Well-being and the global financial crisis", in *How's Life? 2013: Measuring Well-being*, OECD Publishing, Paris, http://dx.doi.org/10.1787/how_life-2013-7-en.

OECD (2013d), *OECD Family Database*, www.oecd.org/social/family/database (accessed 12 February 2014).

OECD (2013e), *OECD Skills Outlook 2013: First Results from the Survey of Adult Skills*, OECD Publishing, Paris, http://dx.doi.org/10.1787/9789264204256-en.

OECD (2013f), *PISA 2012 Results in Focus: What 15-Year-Olds Know and What They Can Do with What They Know*, OECD Publishing, Paris, www.oecd.org/pisa/keyfindings/pisa-2012-results-overview.pdf.

OECD (2013g), *PISA 2012 Results: Ready to Learn (Volume III): Students' Engagement, Drive and Self-Beliefs*, OECD Publishing, Paris, http://dx.doi.org/10.1787/9789264201170-en.

OECD (2012a), *Closing the Gender Gap: Act Now*, OECD Publishing, Paris, http://

dx.doi.org/10.1787/9789264179370-en.

OECD (2012b), *OECD Environmental Outlook to 2050: The Consequences of Inaction*, OECD Publishing, Paris, http://dx.doi.org/10.1787/9789264122246-en.

OECD (2012c), *Education at a Glance 2012: OECD Indicators*, OECD Publishing, Paris, http://dx.doi.org/10.1787/eag-2012-en.

OECD (2011a), *Health at a Glance 2011: OECD Indicators*, OECD Publishing, Paris, http://dx.doi.org/10.1787/health_glance-2011-en.

OECD (2011b), *Divided We Stand: Why Inequality Keeps Rising*, OECD Publishing, Paris, http://dx.doi.org/10.1787/9789264119536-en.

OECD (2011c), *How's Life?: Measuring Well-being*, OECD Publishing, Paris, http://dx.doi.org/10.1787/9789264121164-en.

OECD (2010a), *Obesity and the Economics of Prevention: Fit Not Fat*, OECD Publishing, Paris, http://dx.doi.org/10.1787/9789264084865-en.

OECD (2010b), *Improving Health and Social Cohesion through Education*, Educational Research and Innovation, OECD Publishing, Paris, http://dx.doi.org/10.1787/9789264086319-en.

OECD (2009), *Doing Better for Children*, OECD Publishing, Paris, http://dx.doi.org/10.1787/9789264059344-en.

OECD (2008), *Growing Unequal? Income Distribution and Poverty in OECD Countries*, OECD Publishing, Paris, http://dx.doi.org/10.1787/9789264044197-en.

OECD (2007), *Understanding the Social Outcomes of Learning*, OECD Publishing, Paris, http://dx.doi.org/10.1787/9789264034181-en.

Wolke, D. et al. (2013), "Impact of bullying in childhood on adult health, wealth, crime, and social outcomes", *Psychological Science*, Vol. 24, No. 10, pp. 1958–1970.

WHO (2008), *Closing the Gap in a Generation*, World Health Organization, Geneva.

29

第二章

学习环境、能力和社会进步：概念框架

本章提出了一个描述学习环境、能力和社会进步之间关系的概念框架。个体的能力是在不同的学习环境中形成的，包括家庭、学校和社区。每种环境都受直接投入、环境因素和政策杠杆的影响，政策制定者可以利用这些影响来促进实现社会进步所需的各种能力的发展。社会进步包含个体生活的不同方面，包括教育、劳动力市场结果、健康、家庭生活、公民参与和生活满意度。能力包括实现富裕、健康和幸福生活所需的认知能力、社会与情感能力。在个体追求目标、与他人合作和管理情绪时，社会与情感能力尤为重要。能力是在以前获得的能力和新的学习投资的基础上逐步发展的。那些在生命早期开始发展能力的人往往会比其他人取得更多的成就，尽管青少年期也是社会与情感能力发展的关键时期。

引　言

　　本章提出了一个概念框架，旨在通过学习环境（包括学习投资）建构个体幸福感和社会进步的关键机制（见图 2.1）。[①] 这一框架在承认认知能力在推动社会经济结果方面重要性的同时，揭示了社会与情感能力的作用，例如，追求长期目标、与他人合作，以及情绪管理的能力。稳定工作、享受健康或积极参与社会需要一系列能力，重要的是要考虑这些不同类型的能力如何发挥作用，以了解如何成功地改善结果。这一框架正式纳入代表社会和经济进步多面性的各种结果——不仅包括教育和就业，还有健康、公民参与和生活满意度。本章描述了这一框架的组成部分，并概述它们之间的重要关系。

图 2.1　学习环境、能力和社会进步之间的关系

社会进步

个体幸福感和社会进步由不同的结果组成

　　也许教育政策制定者、教师和家长的最终目标是帮助儿童获得尽可能

[①] 本章强调学习如何促进能力，以及能力如何促进社会和经济进步，这仅仅是学习环境、能力和结果之间关系的两个方面。现实情况更为复杂，这些组成部分之间存在许多双向关系。结果可以直接影响学习环境，例如，不良的健康状况可以通过阻碍儿童上学进而影响儿童的学习能力。现有能力水平也会影响学习环境：与行为不端的儿童相比，更合群、更友善的儿童可能会获得更多的积极关注和学习机会。这些双向关系和反馈循环将在第三章和第四章提出的实证分析中讨论。在规划旨在提高能力的成功政策干预时，需要考虑到这些问题。

高的幸福感。OECD 的幸福感倡议说明了构成个体和国家幸福感的各种经济和非经济措施（见专栏1.2；OECD，2013）。这里提出的个体幸福感和社会进步框架借鉴了 OECD 测量幸福感和进步的框架（Framework for Measuring Well-being and Progress），该框架强调与现代世界相关的广泛结果。这些结果包括教育、劳动力市场、健康、生活满意度、家庭生活、公民参与、安全和环境结果（见图2.2）。

除了学习的经济结果外，该框架还反映了政策思维的演变方式，即越来越多地转向不仅理解经济因素，还理解社会因素对人的成功和社会进步的影响。例如，斯蒂格利茨-森-菲图西委员会关于测量经济表现和社会进步的研究就反映了这一点（Stiglitz，Sen and Fitoussi，2009）。如第一章所述，在世界从经济危机中复苏的背景下，确保和维持社会结果（如良好的健康和参与的公民意识）对政策制定者来说越来越重要了。

拟议的框架旨在调查认知能力、社会与情感能力对广泛的社会进步指标的影响（见图2.2）。它侧重于能进行可靠测量和分析的指标，其中许多结果指标是根据幸福感框架为儿童制定的（OECD，2009）。

33

- **教育和能力**结果可以用受教育程度、成就测试成绩、留级和逃学等指标的测量结果来分析。
- **劳动力市场**结果可以用诸如工作状况（如就业、失业、找工作）、工作类型（如全职、长期、自营职业）和收入等指标来测评。
- **物质条件**包括收入、资产、消费和住房等指标。
- **健康状况**可以用观察积极行为（如锻炼、定期体检）、风险行为（如吸毒和酗酒）和结果［如体重指数（body mass index，简称 BMI）、健康状况和抑郁症的自我报告］来分析。
- **公民参与**可以用志愿服务、投票和人际信任的测量结果来测评。
- **人身安全**可以用有关欺凌和暴力行为以及犯罪活动（如个人盗窃、破坏公物和伤害罪）的数据来获取。
- **家庭和社会关系**类别包括单亲、家庭破裂、少女怀孕、与家人和朋友的联系与支持等因素。

- **主观幸福感**可以用生活满意度、压力体验的测量结果和其他主观幸福感的测量结果来体现。
- **环境**结果可以用个人的亲环境行为来间接获取，如回收利用、使用公共交通工具或了解人类对环境的影响。

这些个体结果是总体水平的社会经济结果的基石。

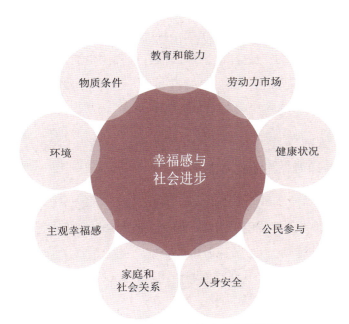

图 2.2 个体幸福感和社会进步的框架

资料来源：Adapted from OECD (2011), *How's Life?: Measuring Well-being*, OECD Publishing, Paris, http://dx.doi.org/10.1787/9789264121164-en.

能 力

34

推动个体成功和社会进步的能力是多维的

OECD 强调能力在帮助个体面对现代世界的挑战方面的作用，并敦促政策制定者提供正确的工具来调动能力的潜力（OECD，2012）。在本报告中，能力被广义地定义为至少能促进个体幸福感和社会经济进步（生产力）的一个维度的个体特征，这些特征可以被有意义地测量（可测量性），并且通过环境变化和投资而改变（可塑性）。个体需要多种能力来实现不同的人生目标。

能力也是理解社会和经济发展不平等的关键。在 OECD 国家和世界各地的伙伴经济体，不同种族和收入群体之间的学校教育差距更多的是与能力缺陷有关，而不是家庭在上学期间的经济能力（Cunha and Heckman，2007）。认知能力的提高增加了一些体验积极结果的可能性，比如完成高等教育，找到工作，获得高薪。虽然这些能力可以很好地预测生活某些方面的成功，但社会与情感能力对更广泛的社会结果显示出更高的预测能力（Heckman，Stixrud and Urzua，2006；Kautz et al.，2014）。

推动个体取得成功和社会进步的能力中包括以毅力、自尊和尊重他人为代表的社会与情感能力

社会与情感能力，也被称为非认知能力、软技能或品格能力，它是实现目标、与他人合作和管理情绪所需的能力。这种能力表现在日常生活的许多情境中。图 2.3 根据能力的一些最重要功能对能力进行了分类。显然，这些能力在人们生活的各个阶段都发挥着作用。例如，儿童在与他人玩耍时被告知哪些行为是合适的，成人需要学习职业环境中团队合作的规则。人从小（如在玩游戏、解谜时）就追求目标，成年后（如在攻读学位和求职时）这一点变得越来越重要。学习正确地表达积极和消极情绪，以及如何应对压力和挫折是一种终身的追求，尤其是在处理诸如离婚、失业、残疾等生活变故时。这些广泛的能力类别（即追求目标、与他人合作和管理情绪）包括一些较低层次的能力结构（见图 2.3）。

35　　　这里呈现的框架与其他现有框架基本一致，尤其是"大五"人格因素（见专栏 2.1）。然而，它也借鉴了其他理论观点（如积极心理学和个人努力）和现有框架〔如课程和重新设计中心的品格框架（Character Framework from

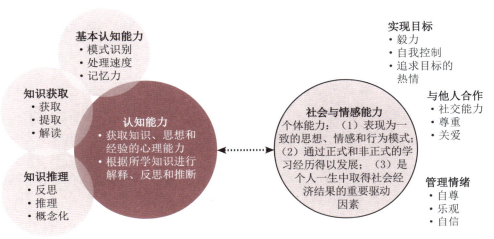

图 2.3　认知能力、社会与情感能力的框架

专栏 2.1　"大五"人格因素

"大五"人格因素是一种人格分类系统，它分为五个基本维度：外向性、宜人性、尽责性、情绪稳定（也称为神经质）和开放性。科斯塔和麦克雷（Costa and McCrae，1992）提供了与这些相对应的重要方面的因素清单。

外向性：集群性、自信、活跃、冒险、热情、热心

宜人性：信任、直率、利他、顺从、谦虚、同情

尽责性：效率、组织性、尽职尽责、努力实现、自律、审慎

情绪稳定性：焦虑、易怒、抑郁、自我意识、冲动、脆弱

开放性：好奇心、想象力、审美、行动（兴趣广泛）、兴奋性、非常规性

外向性可能是最广泛使用的因素，也是最熟悉的因素。典型的性格外向的人通常精力充沛、情绪积极、自信。宜人性可以体现在关怀、谦虚、信任等方面。因此，这两种因素在与他人合作时都起着核心作用。尽责性包括尽职尽责、努力实现和以目标为导向的行动，因此在实现目标方面起着重要作用。情绪稳定性是指处理消极情绪体验和压力的能力，

是管理情绪的核心。乐于接受新体验的开放性也许是最难以捉摸的因素，因为它涉及广泛的方面，如对艺术和美的敏感性、对多样性的需要和对知识的好奇心（McCrae and John，1992）。

"大五"人格的五个维度广泛地捕捉了个体的潜在的核心品质——典型的思维、情感和行为模式——从而提供了一个简约高效的人格特质总结（John and De Fruyt，2014）。然而，一个概念很少的模型非常宽泛，因此预测具体结果的能力较差。为了了解成长轨迹，确定不同学习环境的影响，并解释未来的结果，测量模型需要进一步具体化。在宽泛的"大五"人格中，每个维度都有三到五个方面的模型，应该有助于在人格特质的广泛和更具体层面上对个体进行跟踪（John and De Fruyt，2014）。

the Center for Curriculum and Redesign）、社会与情感学习（social and emotional learning，简称 SEL）框架、KIPP[①] 品格框架（KIPP Character Framework）]，这些框架考虑到教育利益相关者可以通过适当的实践来培养的个体特征。

我们的框架将社会与情感能力定义为"个人能力：（1）表现为一致的思想、情感和行为模式；（2）通过正式和非正式的学习经历得以发展；（3）是个人一生中取得社会经济结果的重要驱动因素"。该定义强调了这一概念的潜在性质，它表现为个人在不同情况和环境下的一致反应模式。这些能力可以通过环境变化和投入得到加强，从而推动个人未来的发展。

对未来发展至关重要的能力还包括读写、计算和问题解决等认知能力

认知能力也有不同的描述方式，如智慧、知识或智力。这些能力涉及获取和应用知识的过程。我们的框架也反映了这种多样性，区分了基本认知能

---

① KIPP 是 Knowledge Is Power Program 的简称。该框架强调培养学生的性格品质和社会能力，旨在使他们不仅在学业方面取得成功，而且在生活中也能够具备坚韧、自律、责任感等重要的性格特征。——译者注

力、知识获取和知识推理（见图 2.3）。基本认知能力是指基本能力，如处理的速度和记忆。知识获取指的是获取、提取并解释记忆中知识的能力。知识推理涉及对信息进行反思和推理所需的更为复杂的过程，因此需要构思出处理当前问题的新方法。这种分类与流体智力（涉及抽象思维和解决新情况下的问题的能力）与晶体智力（与使用获得的知识和解释有关）的区别是一致的（Cattell，1987）。

　　该框架与其他认知能力框架一致，并从中汲取灵感，特别是 OECD 的 PISA 框架。将它们结合在一起的是这样一种观点，即认知能力不仅涉及应用知识，还包括反映和参与更为复杂的思维模式的能力。事实上，PISA 对读写能力的定义是指学生在提出、解决和解释各种学科领域的问题时能够进行有效的分析、推理和交流的能力（OECD，2006），这说明了多维认知能力是如何形成的。例如，反思是一个复杂的过程，因为它不仅需要获取知识，还需要将其与其他经验相关联，重新构造问题，建立联系，从而能够把学到的知识运用于新的环境。

许多 21 世纪能力，如创造性和批判性思维，都具有认知和社会情感成分

　　我们的框架还允许认知能力和社会与情感能力相互作用，并在此过程中相互影响（见图 2.3）。事实上，创造性和批判性思维等能力的最佳理解，可能是将认知和社会与情感两个维度结合起来。创造性思维，也称为发散性思维，是指创作内容不仅新颖、独创和出乎意料，还要适当、有用和适用于当前的任务（Lubart，1994）。研究发现，创造性与智力测试、社会与情感能力有关。"大五"人格框架还提供了对这些复杂能力某些方面的理解。例如，有创造性的人更乐于接受新的经验，想象力更强，自觉性较差，更容易冲动，更外向（Feist，1998）。

　　此外，批判性思维是指运用逻辑规则和成本效益分析，进行战略性思考，并将这些规则应用于新情况以解决问题的能力。这一能力具有很强的认知成分，它依赖于思考信息、在新的环境中解释信息，以及在现有知识的

基础上找到解决新问题的方法的能力（Halpern，1998）。然而，批判性思维也包含乐于接受新体验的方面，如想象力和非常规性（John and Srivastava，1999）。在现实生活中，许多情况要求人们掌握更复杂的能力，其中包括智力、社会与情感方面的能力。为了了解这些能力，目前的框架纳入能力领域的不同方面，并承认不同能力在日常情况下是相互影响的。

测量社会与情感能力虽具有挑战性，但可以进行可靠的测量

许多人认为社会与情感能力无法进行可靠的测量，因此有时在政策辩论中这些能力可能会被低估。的确，不同于身高或体重，社会与情感能力无法直接观察。① 这些能力可以通过自我/观察者报告、任务表现和学生行为的管理记录来进行间接测量，但这些记录可能会受到偏差或噪声的影响。

10 岁以上的儿童已经掌握了一定的词汇，而且正在发展自我反思和社会比较能力，因此他们对人格特征的自我描述是可靠和有效的（Soto et al.，2011）。针对成人的人格测量工具多种多样（专栏 2.2 为一个主观测量的例子）。证据表明，其中一些能可靠地测量人格特质，并能很好地预测个人的社会经济结果，至少在发达国家（Ozer and Benet-Martínez，2006；Almlund et al.，2011）和发展中国家（Pierre et al.，2014）的一种文化和语言范畴内是这样的。然而，由于观察者对调查对象的主观看法可能与调查对象实际的社会与情感能力关系不大，因此自我评价和观察者评价都可能存在偏差。特别是个人自我报告也可能受到社会期望、假装、默许和参考群体效应的严重影响（Kyllonen and Bertling，2014）。

专栏 2.2　人格特质的主观测量："大五"人格量表

有许多测量工具可以用主观报告来捕捉一个人的人格特质。最具影响力的工具之一是"大五"人格量表（John and Srivastava，1999）。此量

---

① 当然，认知能力的测量也是如此。所有现有的智商（intelligence quotient，简称 IQ）、成就和读写测试都是间接地测量相关的认知结构。

表有各种版本，包括长版（44 个题项）或短版（10 个题项）。简短的版本是基于受测者对以下问题的同意或不同意的程度：我明白了我自己是……

人格特质	题　项
外向性	我是拘谨的（R）。 我是性格外向、善于交际的。
宜人性	我是一个可靠的人。 我容易挑起与他人的争吵（R）。
尽责性	我是懒散的（R）。 我做事有始有终。
情绪稳定性	我是轻松、能很好地应对压力的（R）。 我是容易紧张的。
开放性	我没什么艺术兴趣（R）。 我是想象力丰富的。

注：（R）表示将反向计分项目。

改善主观测量的一种方法是收集自我、教师、父母和同伴的报告。多个信息提供者可以为推测儿童的能力提供独特的视角，并可以通过三角互证法推断出潜在的人格（John and De Fruyt，2014）。锚定情境法是另一种提高数据质量、减少反应偏差、提高社会与情感能力测评跨文化可比性的潜在方法（Kyllonen and Bertling，2014）。

社会与情感能力也可以可靠地通过个人任务表现来测量（Kautz et al.，2014）。其形式可以是实验室测试（如在实验室环境中设计行为任务，以测量特定的能力，如棉花糖测试）、心理测量观察研究（如与受过训练的心理学家面谈，测评个人对情境的反应或诊断性问题）或行为测量（如回答"在过去的一个月里，你上学或工作迟到了多少次"等问题）。然而，由于受测者在测试中付出的努力不同，以及影响任务表现的除测试所测能力之外的其他能力（如认知能力）的差异，这些测量也会产生偏差。因此，要准确测量社会与情感能力，就需要将测量标准建立在努力和其他能力的基础上。图2.4 通过描述在解释任务表现时激励、努力和能力之间的关系来说明这一点。

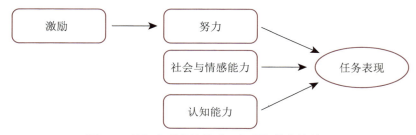

图 2.4　任务表现中的激励、努力与能力的关系

资料来源：Kautz, T. et al. (2014), "Fostering and measuring skills: Improving cognitive and non-cognitive skills to promote lifetime success", *OECD Education Working Papers*, No. 110, OECD Publishing, http://dx.doi.org/10.1787/5jxsr7vr78f7-en.

测评社会与情感能力的一种有效方法是利用教师和家长记录的关于儿童行为（如学校出勤率）的官方数据。这一信息可以广泛获取，而且不需要对社会与情感能力进行单独测评。即使剔除了这些测量指标中的认知成分（即对其他能力进行标准化），它们仍然能高度预测儿童的教育、劳动力市场和社会结果（Kautz et al.，2014；Heckman，Humphries and Veramendi，2014）。

在动态框架中理解能力

如图 2.5 所示，能力随着时间的推移而发展。越来越多的证据表明，认知能力、社会与情感能力在个体的一生中都可以得到提高。能力发展不仅受到基因和环境的影响，而且受到家庭、学校和社区投入的影响。父母对子女的能力形成负有重大责任，因为他们塑造了许多会影响子女发展的环境因素（通过他们对邻里、教育项目和家庭特征的选择）。文化、政策和体制对能力形成和不同学习环境的影响也不容低估。这些不同的学习因素对理解这一过程至关重要，下一节将详细介绍。

图 2.5　人一生的能力发展

能力发展的速度在很大程度上取决于个体的年龄及其当前的能力水平。现在人们已经认识到，能力发展存在敏感期。最初几年对能力发展极为重要，因为它们为未来的能力发展奠定了基础。对儿童早期干预的投资能够在确保获得更高水平的能力和积极的成人结果方面带来最大的回报（Kautz et al., 2014）。在这些年里，家庭至关重要，父母和子女之间的互动模式对认知能力、社会与情感能力有重大影响。然而，后面的干预也可能是有效的，尤其是在社会与情感能力方面。在儿童中晚期和青少年期，学校、同伴群体和社区在塑造这些能力方面变得越来越重要。此外，针对辍学者的选择性项目（即在职培训）也被认为对日后的能力发展很重要（Kautz et al., 2014）。

过去的能力是当前能力的重要决定因素

"由能力产生能力"是关于能力形成的文献中经常听到的表达：换句话说，个人能力水平越高，他们的能力收益就越高（见图 2.5）（Carneiro and Heckman，2003）。这适用于相同能力的水平。例如，如果一个儿童在入学时的数学素养相对高于同龄人，那么在学年结束时，他的数学素养就更有可能高于同龄人。然而，也有证据表明存在所谓的交叉生产率（Cunha and Heckman，2007；Cunha，Heckman and Schennach，2010），即一种能力随着时间的推移有助于培养其他能力（见图 2.6）。对那些拥有较高水平社会与情感能力的人来说尤其如此，因为这些能力可以促进认知能力的发展（见第四

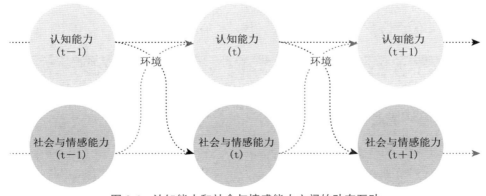

图 2.6　认知能力和社会与情感能力之间的动态互动

章）。事实上，一个非常守纪律和有毅力的儿童比一个数学水平相当但纪律和毅力较差的儿童更有可能提高数学能力。纪律和毅力使儿童更有可能勤奋地完成家庭作业，并从中收获更多。因此，认知能力和社会与情感能力紧密相连。一般来说，那些拥有较强能力的人更有可能从学习环境中获得更多。能力强的儿童更有可能选择合适的工具以提高自己的知识水平，或寻找更多的成长机会（如通过课外活动）。

过去的能力决定了个体通过家庭、学校和社区的投入从新投资中获益的程度

总之，很明显，对认知能力、社会与情感能力的投资是确保人生成功的必要条件。政策制定者不应忽视社会与情感能力，因为它们有助于提高认知能力。重要的是，社会与情感能力发展的敏感期与认知能力发展的敏感期并不完全相同。虽然早期投资对所有能力都有好处，但社会与情感能力比认知能力在生命的后期更具可塑性（Cunha and Heckman，2007；Cunha，Heckman and Schennach，2010）。此外，青少年期似乎是社会与情感能力特别不稳定的时期。例如，青少年期往往与较差的纪律（尽责性）、较低的友好性（宜人性）和较高的情绪不稳定性相关（Soto et al.，2011）。青少年父母经常抱怨自己"一点都认不出自己的孩子了"，这可能是这些能力水平变化的反映。这些负面变化对某些儿童的影响似乎更大，因此需要进行更多的研究，以便了解如何缓冲某些负面影响，防止人力资本的损失。第四章和第五章讨论了一些旨在培养认知能力、社会与情感能力的举措。

40

学习环境

学习环境是多方面的

学习发生的社会环境的多样性表明了正式学习、非正规学习和非正式学习的价值。正式学习涉及制度化的、基于课程的学习和教学，例如在教育体系内的学习，或在工作场所进行的学习（Werquin，2010）。非正式学习可以

在工作、家庭或社区环境中进行。从学习者的视角看，非正式学习不是结构化的，而是无目的的（Cedefop，2008）。例如，当儿童玩耍时，这种学习就会发生。非正规学习介于正式学习和非正式学习之间，它是有组织和有目的的，但不受监管，也没有得到认证或正式支持。例如自学如何使用某一特定的软件，这种学习是有目的的，但没有得到资助或认证。

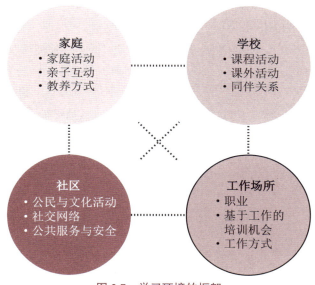

图 2.7 学习环境的框架

因此，学习发生在各种社会环境中，在当前框架中概括为学校、家庭、社区和工作场所。在每种类型的环境中，我们都可以区分出一些特定的因素（见图 2.7）。每一种环境都会促进认知能力、社会与情感能力的发展，但其相对重要性会根据个体的人生阶段发生变化。例如，在婴儿期和儿童早期，父母显然至关重要，但随着儿童接受正式教育并与各种社交网络互动，学校和社区变得越来越重要。工作场所也是一个关键的学习环境，尤其是在青少年晚期和成年（早）期。

学习环境包括政策杠杆以及教师和家长可以影响的因素

学习环境对能力的影响可分为直接投入、环境因素和政策杠杆（见

41

表 2.1）。这些代表着学校、家庭、工作场所和社区塑造能力的不同方式。一方面，直接投入有目的和明确地影响能力发展，如父母参与养育子女的活动；另一方面，环境因素可以通过增加资源或改善环境间接影响能力发展，这可能影响现有学习资源的水平或质量，如用于培训的工作场所资源和邻里安全。另外，政策杠杆是学习环境的要素，可以通过政策投入直接发挥作用，并可以用于促进能力发展，如教师培训，它为教师培养认知能力、社会与情感能力的方法提供了指导。

这些学习环境并不是彼此孤立发挥作用的，而是不断相互作用、相互影响

表 2.1　提高能力的直接投入、环境因素和政策杠杆（示例）

	家　庭	学　校	工作场所	社　区
直接投入	亲子关系（如看书、共同进餐、玩耍）；父母的教养方式（如温情、专制）	旨在提高社会与情感能力的课程和课外活动；教师的教学能力和知识；教学风格（如动员小组讨论）；课堂氛围；学徒制、服务学习；导师制	基于工作的培训；管理风格	社区提供的活动（如文化中心的艺术课程、体育协会、志愿服务）；媒体；社交网络
环境因素	家庭的社会经济资源（家庭中是否有学习用具及技术）；家庭压力和干扰事件（家庭暴力、疏忽、虐待、粗暴对待、营养不良）	学校架构、资源、设施、氛围和安全	工作场所资源	公共服务（交通、公园、学校、儿童保育中心、校外服务）；污染；邻里安全；失业率和收入水平
政策杠杆	育婴假规定；弹性工作安排；托儿服务；家庭现金福利	教师培训、课程和招聘	勤工俭学项目；补贴培训项目；收入支持项目	社会工作者培训项目

的。事实上，环境之间的互动模式本身就可能与能力的发展有关。例如，父母参与儿童学校活动，如参加家长会，可以通过改善家庭和学校的学习环境，从而促进儿童的社会和认知发展（El Nokali，Bachman and Votruba-Drzal，2010）。

结　论

42

今天的社会经济环境带来了许多挑战，要求个人管理其私人、工作和社会生活的复杂性和多样性。个体只有拥有全面的认知能力、社会与情感能力，才能应对这些挑战。政策制定者需要考虑广泛的能力，在这些能力中，社会与情感能力同认知能力一样重要。这些能力相互作用、相互影响，并在过去能力投资的基础上逐步发展。这就是早期投资的重要性之所在。本章描述的框架的核心思想是，成功的学习发生在课堂内外、学校、家庭、社区和工作场所，不同类型的学习在培养不同能力方面有不同的效果。后面各章将探讨该框架的不同组成部分，以便更好地了解可纳入学习环境的各种做法，从而促进能力发展，进而促进社会进步。

参 考 文 献

43

Almlund, M. et al. (2011), "Personality psychology and economics", in E. Hanushek, S. Machin and L. Woessman (eds.), *Handbook of the Economics of Education*, Vol. 4, Elsevier, Amsterdam.

Carneiro, P. and J. Heckman (2003), "Human capital policy", in J. Heckman and A. Krueger (eds.), *Inequality in America: What Role for Human Capital Policy?*, MIT Press, Cambridge, MA.

Cattell, R. B. (1987), *Intelligence: Its Structure, Growth, and Action*, Elsevier Science, New York, NY.

Cedefop (European Centre for the Development of Vocational Training) (2008), *Terminology of European Education and Training Policy: A Selection of 100 Key Terms*, Office for Official Publications of the European Community,

Luxembourg.

Costa, Jr., P. T. and R. R. McCrae (1992), *NEO PI-R Professional Manual*, Psychological Assessment Resources, Inc., Odessa, FL.

Cunha, F. and J. Heckman (2007), "The technology of skill formation", *American Economic Review*, Vol. 97, No. 2, pp. 31–47.

Cunha, F., J. Heckman and S. Schennach (2010), "Estimating the technology of cognitive and noncognitive skill formation", *Econometrica*, Vol. 78, No.3, pp. 883–931.

El Nokali, N. E., H. J. Bachman and E. Votruba-Drzal (2010), "Parent involvement and children's academic and social development in elementary school", *Child Development*, Vol. 81, No. 3, pp. 988–1005.

Feist, G. J. (1998), "A meta-analysis of personality in scientific and artistic creativity", *Personality and Social Psychology Review*, Vol. 2, No. 4, pp. 290–309.

Halpern, D. F. (1998), "Teaching critical thinking for transfer across domains: Dispositions, skills, structure training, and metacognitive monitoring", *American Psychologist*, Vol. 53, No. 4, pp. 449–455.

Heckman, J. J., J. Humphries and G. Veramendi (2014), "Education, health and wages", *NBER Working Paper*, No. 19971.

Heckman, J. J., J. Stixrud and S. Urzua (2006), "The effects of cognitive and non-cognitive abilities on labor market outcomes and social behavior", *Journal of Labor Economics*, Vol. 24, No. 3, pp. 411–482.

John, O. P. and F. De Fruyt (2014), "Social and emotional skills constructs and measures for the OECD longitudinal study of skill dynamics", mimeo, OECD.

John, O. P. and S. Srivastava (1999), "The Big Five trait taxonomy: History, measurement, and theoretical perspectives", in L. A. Pervin and O. P. John (eds.), *Handbook of Personality: Theory and Research* (2nd edition), Guilford Press, New York, NY, pp. 102–139.

Kautz, T. et al. (2014), "Fostering and measuring skills: Improving cognitive and non-cognitive skills to promote lifetime success", *OECD Education Working Papers*, No. 110, OECD Publishing, http://dx.doi.org/10.1787/5jxsr7vr78f7-en.

Kyllonen, P. C. and J. P. Bertling (2014), "Innovative questionnaire assessment methods to increase cross-country comparability", in L. Rutkowski, M. von Davier and D. Rutkowski (eds.), *Handbook of International Large-Scale Assessment: Background, Technical Issues, and Methods of Data Analysis*, CRC Press, Boca Raton, FL.

Lubart, T. I. (1994), "Creativity", in R. J. Sternberg (ed.), *Thinking and Problem Solving*, Academic Press, San Diego, CA.

McCrae, R. R. and O. P. John (1992), "An introduction to the five-factor model and its applications", *Journal of Personality*, Vol. 60, No. 2, pp. 175−215.

OECD (2013), *How's Life? 2013: Measuring Well-being*, OECD Publishing, Paris, http://dx.doi.org/10.1787/9789264201392-en.

OECD (2012), *Better Skills, Better Jobs, Better Lives: A Strategic Approach to Skills Policies*, OECD Publishing, Paris, http://dx.doi.org/10.1787/9789264177338-en.

OECD (2011), *How's Life?: Measuring Well-being*, OECD Publishing, Paris, http://dx.doi.org/10.1787/9789264121164-en.

OECD (2009), *Doing Better for Children*, OECD Publishing, Paris, http://dx.doi.org/10.1787/9789264059344-en.

OECD (2006), *Are Students Ready for a Technology-rich World? What PISA Studies Tell Us*, OECD Publishing, Paris, http://dx.doi.org/10.1787/9789264036093-en.

Ozer, D. and V. Benet-Martínez (2006), "Personality and the prediction of consequential outcomes", *Annual Review of Psychology*, Vol. 57, pp. 401−421.

Pierre, G. et al. (2014), "STEP skills measurement surveys: Innovative tools for assessing skills", *World Bank Social Protection and Labour Discussion Paper Series*, No. 1421, World Bank Group, Washington, D.C.

44

Soto, C. J. et al. (2011), "Age differences in personality traits from 10 to 65: Big Five domains and facets in a large cross-sectional sample", *Journal of Personality and Social Psychology*, Vol. 100, No. 2, pp. 330−348.

Stiglitz, J. E., A. K. Sen and J. P. Fitoussi (2009), *Report by the Commission on the Measurement of Economic Performance and Social Progress*, Commission on the Measurement of Economic Performance and Social Progress, Paris, http://www.stiglitz-sen-fitoussi.fr/en/index.htm.

Werquin, P. (2010), *Recognising Non-formal and Informal Learning: Outcomes, Policies and Practices*, OECD Publishing, Paris, http://dx.doi.org/10.1787/9789264063853-en.

第三章

培养终身成功的能力

本章详细阐述在 9 个 OECD 国家中，提高儿童的认知能力、社会与情感能力对其未来发展的影响。虽然实证分析所依据的是来自不同国家的纵向数据，这些数据使用的是不同年龄段儿童能力和结果的不同测量标准，但分析结果显示了一致的模式。提高认知能力的十分位数对增加受教育机会和改善劳动力市场结果有很大影响，而提高社会与情感能力的十分位数对改善诸如健康、反社会行为体验和主观幸福感等社会结果有很大影响。一些旨在提高处境不利儿童能力的干预项目在社会结果方面已显示出令人印象深刻的长期效果。成功的干预项目往往注重提高人们实现目标、与他人合作和管理情绪的能力，而尽责性、乐群和情绪稳定性显得尤为重要。有志于更好地加强对个体幸福感和社会进步的各种测量的政策制定者，可以考虑利用这一能力发展领域。

引 言

　　本章详细阐述了在 9 个 OECD 国家，采用不同测量标准提高儿童认知能力、社会与情感能力的十分位数对其未来结果的影响。[①] 结果表明，虽然提高社会与情感能力对教育和劳动力市场结果的影响不大，但对测量各种社会结果的指标有很大影响，而且提高社会与情感能力所产生的影响要超过提高认知能力的相应影响。[②] 社会与情感能力之所以具有非凡的力量，部分原因在于它在塑造个体行为和生活方式方面所起的作用，而这些又反过来塑造了个体的社会经济结果。社会与情感能力还可以提高个体接受高等教育的收益，以及个体将意愿转化为行动的能力。虽然关于重要的社会与情感能力类型的因果证据有限，但本章指出，提高儿童实现目标、与他人合作和管理情绪等社会与情感能力，被认为是他们终身成功的重要驱动因素。这些过程中涉及的特殊能力包括毅力、乐群和自尊。

能力带来的更广泛益处

认知能力对高等教育入学率和完成率以及劳动力市场结果的影响很大

　　OECD 的纵向分析使用潜在因子模型（latent factor models）和反事实实

[①] 鉴于我们对确定能力的因果效应很感兴趣，本章描述的证据主要限于通过模拟（如挪威的例子）或通过确定适当的对照组和实验组（如干预项目）产生反事实的证据。

[②] 为了更好地理解社会与情感能力对社会经济结果的影响程度，从经验上将其与认知能力的影响分开。这样做的目的并不一定是将这两种能力进行对比。它们实际上以有意义的方式相互作用（见第二章和第四章）。与任何实证分析一样，对能力回报的估计取决于所使用的测量方法。由于所使用的测量方法存在噪声，有些回报可能在统计上不显著或很小。许多纵向研究没有提供对一系列重要的社会与情感因子的估计，而这些因子被认为会对结果产生影响。然而这些研究的一项重要发现是，即使是社会与情感能力的一个维度（如自信心）的影响，也会对儿童的社会经济结果有相当大的影响。如果有一系列测量关键社会与情感能力的指标，这些综合指标的解释力可能会产生重大影响。

验确定了能力投资的社会经济回报（见专栏 3.1）。

专栏 3.1　OECD 对能力的影响和能力形成的因果过程的纵向分析

2012 年，OECD 的"教育和社会进步"项目对 11 个 OECD 国家进行了纵向分析，包括澳大利亚、比利时（佛兰德大区）、加拿大、德国、韩国、新西兰、挪威、瑞典、瑞士、英国和美国。其目的是：（1）确定能力对各种社会经济结果的影响；（2）确定过去的能力与新的学习投资的相互作用形成能力的因果过程。本报告介绍了包括比利时（荷语区）、加拿大、韩国、新西兰、挪威、瑞典、瑞士、英国和美国等九个国家的调查结果。

该研究以 OECD 确定的下列数据集为基础，这些数据集基于对能力、学习环境和（教育、劳动力市场和社会）结果的适当测量。

- 澳大利亚：澳大利亚儿童纵向调查（Longitudinal Survey of Australian Children，简称 LSAC）、澳大利亚气质项目（Australian Temperament Project，简称 ATP）
- 比利时：中等教育纵向研究（Longitudinal Research in Secondary Education，简称 LOSO）
- 加拿大：过渡期青年研究（Youth in Transition Study，简称 YITS）
- 德国：曼海姆青年研究（Mannheim Study of Youth，简称 MARS）
- 韩国：韩国青年小组研究（Korean Youth Panel Studies，简称 KYPS）
- 新西兰：合格儿童（Competent Children，简称 CC）
- 挪威：年轻人在挪威（Young in Norway，简称 YiN）
- 瑞典：通过跟进评估（Evaluation Through Follow-up，简称 ETF）
- 瑞士：从教育到就业的过渡（Transition from Education to Employment，简称 TREE）
- 英国：英国队列研究（British Cohort Study，简称 BCS）
- 美国：儿童早期纵向研究——幼儿园（Early Childhood Longitudinal Study-Kindergarten，简称 ECLS-K）、国家纵向青年研究（National

Longitudinal Study of Youth，简称 NLSY）

OECD 采用了乌尔苏阿和贝拉门迪（Urzua and Veramendi, 2012）以及萨尔佐萨和乌尔苏阿（Sarzosa and Urzua, 2014）所述的潜在（动态）因子模型。这些模型遵循了赫克曼、斯蒂克斯鲁德和乌尔苏阿（Heckman, Stixrud and Urzua, 2006）、库尼亚和赫克曼（Cunha and Heckman, 2008）以及库尼亚、赫克曼和申纳赫（Cunha, Heckman and Schennach, 2012）的研究成果。它们考虑了目前认知能力、社会与情感能力测量中固有的测量误差，以及学习投资测量的内生性（即过去的能力水平会影响儿童将获得的投资量）。能力测量先于结果测量，而投资测量又先于能力测量。描述能力回报的产出是使用最大似然估计（maximum likelihood estimation，简称 MLE）法和模拟法生成的，以产生能力和结果的反事实测量值。本报告介绍了选定国家（即比利时、加拿大、韩国、新西兰、挪威、瑞典、瑞士、英国和美国）和数据集的主要结果。详细的国家分析、实证模型和估算策略将于 2015 年 2 月起在 OECD 官网（http://www.oecd.org/edu/ceri/educationandsocialprogress.htm）上发布。

该研究由 OECD 设计和协调，并与世界各地的研究团队共同开发，包括塞尔希奥·乌尔苏阿（Sergio Urzua）、米格尔·萨尔佐萨（Miguel Sarzosa）和里卡多·埃斯皮诺萨（Ricardo Espinoza）[美国马里兰大学（University of Maryland）]，本·爱德华兹（Ben Edwards）和加林娜·达拉加诺娃（Galina Daraganova）[澳大利亚家庭研究所（Australian Institute for Family Studies）]，史蒂文·格罗内兹（Steven Groenez）[比利时鲁汶大学（University of Leuven）]，罗斯·芬尼（Ross Finnie）和斯蒂芬·蔡尔兹（Stephen Childs）[加拿大渥太华大学（University of Ottawa）]，迈克尔·科特伦伯格（Michael Kottelenberg）和史蒂夫·莱勒（Steve Lehrer）[加拿大女王大学（Queen University）]，弗里德黑尔姆·普法伊费尔（Friedhelm Pfeiffer）和卡斯滕·罗伊斯（Karsten Reuss）[德国欧洲经济研究中心（Centre for European Economic Research）]，黄丽红（Lihong Huang）[挪威奥斯陆和阿克斯胡斯应用科学大学（Oslo and Akershus University of Applied Sciences）]，扬－

埃里克·古斯塔夫松（Jan-Eric Gustafsson）和埃利亚斯·约翰内松（Elias Johannesson）[瑞典哥德堡大学（Gothenburg University）]，以及罗宾·萨穆埃尔（Robin Samuel）[瑞士巴塞尔大学（University of Basel）]。

　　尽管OECD的纵向分析采用了统一的实证策略，对各国能力的驱动因素和结果进行了一致的估算，但所使用的微观数据是基于纵向研究，而纵向研究的结构、测量方法、控制变量①和年龄组都不尽相同。因此，第三章和第四章中的图旨在根据各国国内分析得出能力回报和结果的总体模式。

　　图3.1显示了提高能力十分位数对高等教育入学率的模拟影响。虽然对各国的影响程度有所不同，但总体而言，提高认知能力对高等教育入学率、注册率或完成率的影响大于提高社会与情感能力的相应影响。例如，在图3.1（B组）中，14岁韩国学生的认知能力（基于对成就测试分数和学业成绩的测量）从最低十分位数提高到最高十分位数，其四年制大学入学率就会提高23个百分点，而社会与情感能力（基于对控制点①的测量）提高的相应效果仅为10个百分点。对于挪威（C组）、瑞典（D组）和美国（E组），认知能力的影响尤为强烈。请注意，提高社会与情感能力对高等教育入学率的影响往往在统计上是不显著的或非常接近于零。韩国（B组，责任感和控制点）、挪威（C组，外向性和自信心）、瑞典（D组）和美国（E组）就属于这种情况。在比利时（荷语区）（A组），提高社会与情感能力对高等教育率的影响可

---

① 控制点是核心自我评价的一个维度，指一个人认为自己的行为会在多大程度上影响自己的未来（Rotter，1966）。也就是说，控制点较高的人倾向于相信自己的行为比运气更能塑造他们的未来。艾布拉姆森、塞利格曼和蒂斯代尔（Abramson，Seligman and Teasdale，1978）将控制点与实证主义联系起来，并将其与人们处理负面事件的方式联系起来。积极的人将负面事件归因于他们认为有能力补救或克服的短期和具体原因（Tough，2012）。积极的人比消极的人有更多的控制点，消极的人把不好的事情归因于他们认为无法控制的长期原因（Seligman，1991）。

与提高认知能力相媲美，这与美国最近的证据相似（Heckman，Humphries and Veramendi，2014）。

图 3.2 还显示了加拿大（A 组）、瑞士（B 组）、英国（C 组）和美国（D 组）观察到的认知能力对高等教育完成率的积极影响。

48

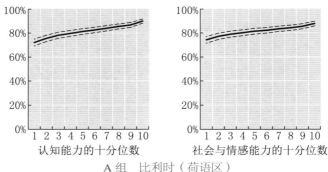

认知能力的十分位数　　　　社会与情感能力的十分位数

A 组　比利时（荷语区）
按能力十分位数分列的自我报告的大学入学率

　　注：实线表示自我报告的大学入学率，虚线表示 2.5%—97.5% 的置信区间。结果基于 OECD 的纵向分析（见专栏 3.1）。认知能力是通过一个潜在的认知能力因子获取的，该因子是用六年级时的数字、空间和语言智商测试的测量结果来估算的。社会与情感能力是通过一个潜在的社会与情感能力因子获取的，该因子是用六年级时的外向性、自尊和尽责性的测量结果来估算的。

---

① 使用的控制变量包括：比利时（荷语区）：性别、父母受教育程度、家庭收入、国籍、是否有年幼或年长的兄弟姐妹、出生年月、生活在核心家庭；加拿大：性别、父母受教育程度、家庭收入、财富、兄弟姐妹人数、居住地区、明显少数族裔、移民身份；新西兰：性别、父母受教育程度；挪威：年龄、性别、父母受教育程度、父母职业、兄弟姐妹人数、与父母同住；韩国：年龄、性别、父母受教育程度、父母收入、兄弟姐妹人数、与父母同住、城市居住地；瑞典：年龄、性别、父母受教育程度、与父母同住、住所类型；瑞士：性别、父母受教育程度、与父母同住、居住在德国地区、城市居住地；英国：年龄、性别、收入；美国：性别、种族、父母受教育程度、母亲的就业、社会经济地位（贫困、减免午餐）、残疾、父母人数、亲生父母、宗教信仰。

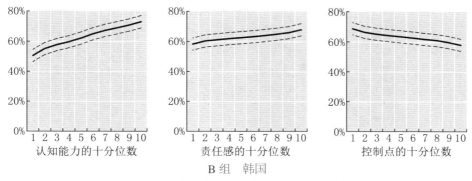

B 组 韩国

按能力十分位数分列的自我报告的大学入学率

注：实线表示 19—20 岁时自我报告的四年制大学入学率，虚线表示 2.5%—97.5% 的置信区间。结果基于 OECD 的纵向分析（见专栏 3.1）。社会与情感能力是通过一个潜在的责任感因子和一个潜在的控制点因子获取的，前者是用 14 岁时的冲动、沮丧和担忧的测量结果来估算的，后者是用 14 岁时的"对自己做决定的信心""对自己处理问题的能力的信念"和"对自己生活负责的能力的信念"的测量结果来估算的。认知能力是通过一个潜在的认知能力因子获取的，该因子是用 14 岁时的成就测试分数和学业成绩的测量结果来估算的，并以潜在的责任感和控制点因子为调节。该实证模型假定，成就测试分数和学业成绩的测量结果是潜在的认知能力、社会与情感能力因子的函数。

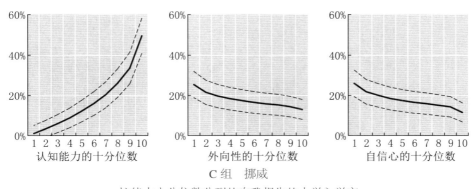

C 组 挪威

按能力十分位数分列的自我报告的大学入学率

注：实线表示 20—24 岁时自我报告的大学入学率，虚线表示 2.5%—97.5% 的置信区间。结果基于 OECD 的纵向分析（见专栏 3.1）。认知能力是通过一个潜在的认知能力因子获取的，该因子是用 15—19 岁时的成就测试分数、学业成绩和自我评定的学业能力的测量结果来估算的。社会与情感能力是通过一个潜在的外向性因子和一个潜在的自信心因子获取的，前者是用 15—19 岁时的害羞、社交接受度和友好程度的测量结果来估算的，后者是用 15—19 岁时的自我满意度和自信心的测量结果来估算的。

49

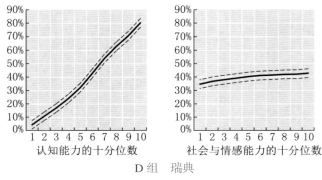

D 组　瑞典

按能力十分位数分列的自我报告的大学入学率

　　注：实线表示 20 岁时自我报告的大学入学率，虚线表示 2.5%—97.5% 的置信区间。结果基于 OECD 的纵向分析（见专栏 3.1）。认知能力是通过一个潜在的认知能力因子获取的，该因子是用三年级时的数学成绩、特殊能力和语言能力的测量结果来估算的。社会与情感能力是通过一个潜在的社会与情感能力因子获取的，该因子是用三年级时的坚毅、社交焦虑和社会合作的测量结果来估算的。

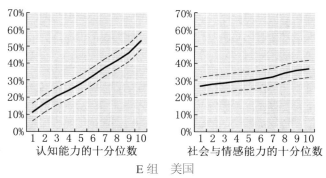

E 组　美国

按能力十分位数分列的自我报告的大学入学率

　　注：实线表示 20 岁时自我报告的四年制大学入学率，虚线表示 2.5%—97.5% 的置信区间。结果基于 OECD 的纵向分析（见专栏 3.1）。样本仅限于白人男性。认知能力是通过一个潜在的认知能力因子获取的，该因子是用数学知识、数字运算和编码速度的测量结果来估算的。社会与情感能力是通过一个潜在的社会与情感能力因子获取的，该因子是用自尊［《罗森伯格量表》(Rosenberg Scale)］和控制点［《罗特量表》(Rotter Scale)］的测量结果来估算的。这些测量数据是在学生高中毕业前收集的。

图 3.1　认知能力对高等教育入学率的影响很大

StatLink ■■■ http://dx.doi.org/10.1787/888933163676

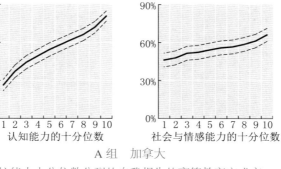

A 组　加拿大

按能力十分位数分列的自我报告的高等教育完成率

注：实线表示 25 岁时自我报告的高等教育完成率，虚线表示 2.5%—97.5% 的置信区间。结果基于 OECD 的纵向分析（见专栏 3.1）。认知能力是通过一个潜在的认知能力因子获取的，该因子是用 15 岁时的 PISA 阅读、数学和科学成绩的测量结果来估算的。社会与情感能力是通过一个潜在的社会与情感能力因子获取的，该因子是用 15 岁时的自我效能感、掌控感和自尊的测量结果来估算的。

50

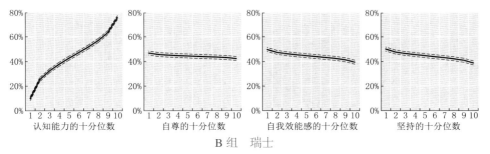

B 组　瑞士

按能力十分位数分列的自我报告的高等教育完成率

注：实线表示 25 岁时自我报告的高等教育完成率，虚线表示 2.5%—97.5% 的置信区间。结果基于 OECD 的纵向分析（见专栏 3.1）。认知能力是通过一个潜在的认知能力因子获取的，该因子是用 15 岁时的 PISA 阅读、数学和科学成绩的测量结果来估算的。社会与情感能力是通过一个潜在的自尊因子、一个潜在的自我效能感因子以及一个潜在的坚持因子获取的，潜在的自尊因子是用 16 岁时的自我满意度、"对自己优点的认可"和"做好事情的信心"的测量结果来估算的，潜在的自我效能感因子是用 16 岁时的"对自己努力解决困难问题的能力的信心""对处理任何妨碍他／她的事情的信心"和"对有效处理突发事件的信心"的测量结果来估算的，潜在的坚持因子是用 16 岁时的"目标实现导向"、严谨性和细致性的测量结果来估算的。

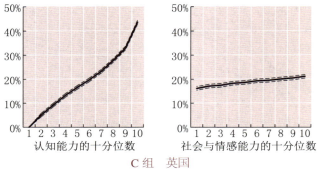

C 组　英国

按能力十分位数分列的自我报告的高等教育完成率

注：实线表示 26 岁时自我报告的高等教育完成率，虚线表示 2.5%—97.5% 的置信区间。结果基于 OECD 的纵向分析（见专栏 3.1）。认知能力是通过一个潜在的认知能力因子获取的，该因子是用 10 岁时的一般认知能力的测量结果来估算的。社会与情感能力是通过一个潜在的社会与情感能力因子获取的，该因子是用 10 岁时的自尊、控制点和坚持的测量结果来估算的。

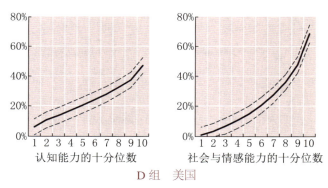

D 组　美国

按能力十分位数分列的自我报告的高等教育完成率

注：实线表示自我报告的四年制大学完成率，虚线表示 2.5%—97.5% 的置信区间。结果基于 OECD 的纵向分析（见专栏 3.1）。样本仅限于高中以上学历或同等学力的白人男性。认知能力是通过一个潜在的认知能力因子获取的，该因子是用数学知识、数字运算和编码速度的测量结果来估算的。社会与情感能力是通过一个潜在的社会与情感能力因子获取的，该因子是用自尊（《罗森伯格量表》）和控制点（《罗特量表》）的测量结果来估算的。这些测量数据是在学生高中毕业前收集的。

图 3.2　认知能力对高等教育完成率的影响很大

StatLink ⬛⬛⬛ http://dx.doi.org/10.1787/888933163681

认知能力对高等教育入学率的强烈影响可能是选拔机制的直接结果，在这种机制中，接受高等教育取决于高中毕业证书、学业成绩和成就测试。一旦个体获得接受高等教育的资格，社会与情感能力可能会在帮助他们坚持完成学业方面发挥特别重要的作用。为了说明这一点，图 3.2（D 组）显示了在美国，认知能力、社会与情感能力对已经完成高中学业或获得高中同等学力证书的学生完成四年制大学学业的影响。在这些学生中，提高社会与情感能力的影响远远大于提高认知能力的相应影响。这一结果与文献一致（Heckman，Stixrud and Urzua，2006；Heckman，Humphries and Veramendi，2014）。

图 3.3 显示了提高能力十分位数对收入和就业的模拟影响。它们普遍表明，提高认知能力的影响大于提高社会与情感能力的相应影响，除了加拿大（A 组）和英国（F 组）。就挪威而言（B 组），将一名中学生的认知能力从最低十分位数提高到最高十分位数，其进入收入最高四分位数的概率就会提高 33 个百分点，而将这些青少年的社会与情感能力（自信心）从最低十分位数提高到最高十分位数的影响仅限于 8 个百分点。认知能力对收入和失业的影响在挪威（B 组和 E 组）、瑞典（C 组）和瑞士（D 组）尤为明显。文献提供

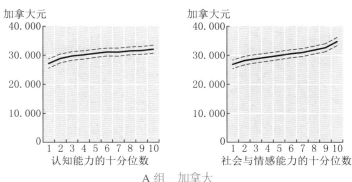

A 组　加拿大

按能力十分位数分列的 25 岁时自我报告的收入

注：实线表示 25 岁时自我报告的收入，虚线表示 2.5%—97.5% 的置信区间。结果基于 OECD 的纵向分析（见专栏 3.1）。认知能力是通过一个潜在的认知能力因子获取的，该因子是用 15 岁时的 PISA 阅读、数学和科学成绩的测量结果来估算的。社会与情感能力是通过一个潜在的社会与情感能力因子获取的，该因子是用 15 岁时的自我效能感、掌控感和自尊的测量结果来估算的。

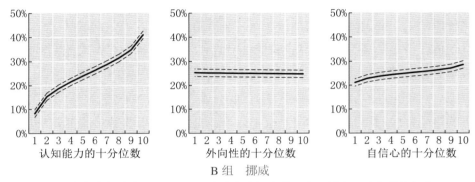

B 组　挪威

按能力十分位数分列的 26—31 岁时自我报告进入收入最高四分位数的概率

注：实线表示 26—31 岁时自我报告进入收入最高四分位数的概率，虚线表示 2.5%—97.5% 的置信区间。结果基于 OECD 的纵向分析（见专栏 3.1）。认知能力是通过一个潜在的认知能力因子获取的，该因子是用 15—19 岁时的成就测试分数、学业成绩和自我评定的学业能力的测量结果来估算的。社会与情感能力是通过一个潜在的外向性因子和一个潜在的自信心因子获取的，前者是用 15—19 岁时的害羞、社交接受度和友好程度的测量结果来估算的，后者是用 15—19 岁时的自我满意度和自信心的测量结果来估算的。收入指标均出自自我报告。

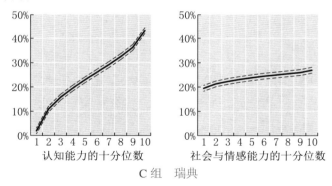

C 组　瑞典

按能力十分位数分列的 30 岁时自我报告进入收入最高四分位数的概率

注：实线表示 30 岁时自我报告进入收入最高四分位数的概率，虚线表示 2.5%—97.5% 的置信区间。结果基于 OECD 的纵向分析（见专栏 3.1）。认知能力是通过一个潜在的认知能力因子获取的，该因子是用三年级时的数学成绩、特殊能力和语言能力的测量结果来估算的。社会与情感能力是通过一个潜在的社会与情感能力因子获取的，该因子是用三年级时的坚毅、社交焦虑和社会合作的测量结果来估算的。收入指标均出自自我报告。

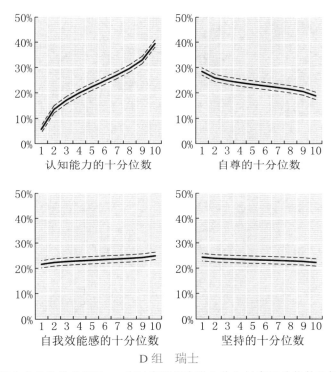

D 组　瑞士

按能力十分位数分列的 25 岁时自我报告进入收入最高四分位数的概率

注：实线表示 25 岁时进入收入最高四分位数（全职）的概率，虚线表示 2.5%—97.5% 的置信区间。结果基于 OECD 的纵向分析（见专栏 3.1）。认知能力是通过一个潜在的认知能力因子获取的，该因子是用 15 岁时的 PISA 阅读、数学和科学成绩的测量结果来估算的。社会与情感能力是通过一个潜在的自尊因子、一个潜在的自我效能感因子以及一个潜在的坚持因子获取的，潜在的自尊因子是用 16 岁时的自我满意度、"对自己优点的认可"和"做好事情的信心"的测量结果来估算的，潜在的自我效能感因子是用 16 岁时的"对自己努力解决困难问题的能力的信心""对处理任何妨碍他 / 她的事情的信心"和"对有效处理突发事件的信心"的测量结果来估算的，潜在的坚持因子是用 16 岁时的"目标实现导向"、严谨性和细致性的测量结果来估算的。收入指标均出自自我报告。

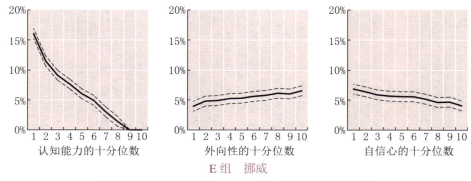

E 组　挪威

按能力十分位数分列的 26—31 岁时自我报告的失业率

　　注：实线表示 26—31 岁时自我报告的失业率，虚线表示 2.5%—97.5% 的置信区间。结果基于 OECD 的纵向分析（见专栏 3.1）。认知能力是通过一个潜在的认知能力因子获取的，该因子是用 15—19 岁时的成就测试分数、学业成绩和自我评定的学业能力的测量结果来估算的。社会与情感能力是通过一个潜在的外向性因子和一个潜在的自信心因子获取的，前者是用 15—19 岁时的害羞、社交接受度和友好程度的测量结果来估算的，后者是用 15—19 岁时的自我满意度和自信心的测量结果来估算的。

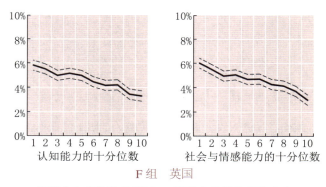

F 组　英国

按能力十分位数分列的 26 岁时自我报告的失业率

　　注：实线表示 26 岁时自我报告的失业率，虚线表示 2.5%—97.5% 的置信区间。结果基于 OECD 的纵向分析（见专栏 3.1）。认知能力是通过一个潜在的认知能力因子获取的，该因子是用 10 岁时的一般认知能力的测量结果来估算的。社会与情感能力是通过一个潜在的社会与情感能力因子获取的，该因子是用 10 岁时的自尊、控制点和坚持的测量结果来估算的。

图 3.3　认知能力对收入和失业的影响很大

StatLink ⬛📶 http://dx.doi.org/10.1787/888933163696

了类似的结果（Heckman，Stixrud and Urzua，2006；Heckman，Humphries and Veramendi，2014）。这些结果可能是选拔机制的直接结果，在这种机制中，雇主会根据个体的学业背景（可能是由认知能力驱动的）来决定聘用和初始薪资。

社会与情感能力对不同社会结果的影响很大

第一章、第二章和第五章指出，对政策制定者、教师、家长和学生来说，重要的结果是多样的，远远超出教育成就和劳动力市场表现。社会与情感能力能带来更广泛的好处吗？图3.4至图3.9显示了提高能力十分位数对各种社会结果和主观幸福感的影响。图3.4、图3.5、图3.6和图3.7都表明，社会与情感能力在改善与健康相关的结果和减少反社会行为方面发挥着特别重要的作用。此外，图3.8表明，社会与情感能力有助于保护个人免受攻击性行为的伤害。这些图表明，提高社会与情感能力对改善社会结果的影响通常要超过提高认知能力的相应影响。这些结果也与类似研究的结果一致（Heckman，Stixrud and Urzua，2006；Heckman，Humphries and Veramendi，2014）。

图3.4表明，提高社会与情感能力对降低肥胖率的影响与提高认知能力对降低肥胖率的影响不相上下。例如，在英国（B组），将儿童的认知能力（基于对一般认知能力的测量）从最低十分位数提高到最高十分位数，可将16岁时的肥胖率降低2个百分点，而将儿童的社会与情感能力（基于对自尊、控制点和坚持的测量）从最低十分位数提高到最高十分位数，可将其肥胖率降低3个百分点。在美国（C组）也观察到了类似的结果，在认知能力、社会与情感能力方面，将儿童的能力从最低十分位数提高到最高十分位数，可以将其自我报告的肥胖率降低3个百分点。提高社会与情感能力（自信心）对降低成年期自我报告的肥胖率在挪威（A组）尤为显著。这种影响与提高认知能力的影响相当。值得注意的是，提高外向性会对肥胖产生副作用，即挪威儿童外向性水平的提高会导致自我报告的肥胖率提高。

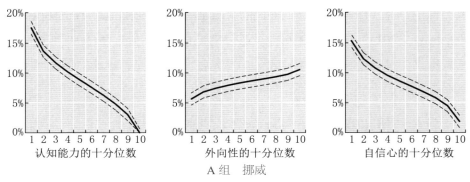

A 组　挪威

按能力十分位数分列的 26—31 岁时自我报告的肥胖率

　　注：实线表示 26—31 岁时自我报告的体重指数 ≥ 30（肥胖）的概率，虚线表示 2.5%—97.5% 的置信区间。结果基于 OECD 的纵向分析（见专栏 3.1）。认知能力是通过一个潜在的认知能力因子获取的，该因子是用 15—19 岁时的成就测试分数、学业成绩和自我评定的学业能力的测量结果来估算的。社会与情感能力是通过一个潜在的外向性因子和一个潜在的自信心因子获取的，前者是用 15—19 岁时的害羞、社交接受度和友好程度的测量结果来估算的，后者是通过 15—19 岁时的自我满意度和自信心的测量结果来估算的。肥胖是基于自我报告的体重和身高测量值，并通过识别出 26—31 岁时体重指数 ≥ 30 的个体来测量的。

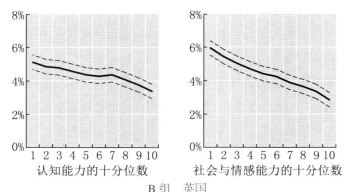

B 组　英国

按能力十分位数分列的 16 岁时的肥胖率

　　注：实线表示 16 岁时被诊断为肥胖的概率，虚线表示 2.5%—97.5% 的置信区间。结果基于 OECD 的纵向分析（见专栏 3.1）。认知能力是通过一个潜在的认知能力因子获取的，该因子是用 10 岁时的一般认知能力的测量结果来估算的。社会与情感能力是通过一个潜在的社会与情感能力因子获取的，该因子是用 10 岁时的自尊、控制点和坚持的测量结果来估算的。肥胖是通过 16 岁时的体重和身高的医学检查计算出的体重指数获取的。体重指数 ≥ 第 95 百分位数的儿童被视为肥胖。

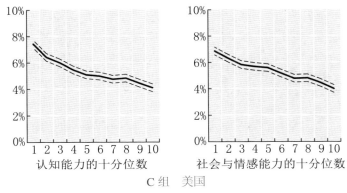

C 组　美国

按能力十分位数分列的八年级时自我报告的肥胖率

注：实线表示八年级时自我报告的体重指数≥第95百分位数的概率，虚线表示2.5%—97.5% 的置信区间。结果基于 OECD 的纵向分析（见专栏 3.1）。认知能力是通过一个潜在的认知能力因子获取的，该因子是用幼儿园时的一般认知能力的测量结果来估算的。社会与情感能力是通过一个潜在的社会与情感能力因子获取的，该因子是用幼儿园时的自我控制、学习方法和内化行为的测量结果来估算的。肥胖是通过计算体重指数获取的，该指数是基于训练有素的访谈者对八年级儿童体重和身高的直接测评。

图 3.4　社会与情感能力对肥胖的影响很大

StatLink ▨▨▧ http://dx.doi.org/10.1787/888933163707

图 3.5 显示，提高社会与情感能力对降低个体自我报告抑郁率的影响要强于提高认知能力的相应影响，但挪威（B 组）除外。例如，在瑞士（C 组），将一名儿童的自尊从最低十分位数提高到最高十分位数，可以将自我报告的抑郁率降低 26 个百分点，而提高认知能力的相应效果仅为 13 个百分点。在韩国（A 组）和英国（D 组），社会与情感能力对自我报告的抑郁率的影响也很大。这些结果与美国的证据一致（Heckman and Kautz，2012）。

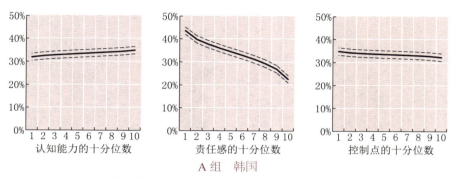

A 组　韩国

按能力十分位数分列的 19 岁时自我报告的抑郁率

注：实线表示 19 岁时自我报告进入《症状量表》（Scale of Symptoms）最高四分位数的概率，虚线表示 2.5%—97.5% 的置信区间。结果基于 OECD 的纵向分析（见专栏 3.1）。社会与情感能力是通过一个潜在的责任感因子和一个潜在的控制点因子获取的，前者是用 14 岁时的冲动、沮丧和担忧的测量结果来估算的，后者是用 14 岁时的"对自己做决定的信心""对自己处理问题的能力的信念"和"对自己生活负责的能力的信念"的测量结果来估算的。认知能力是通过一个潜在的认知能力因子获取的，该因子是用 14 岁时的成就测试分数和学业成绩的测量结果来估算的，并以潜在的责任感和控制点因子为调节。该实证模型假定，成就测试分数和学业成绩的测量结果是潜在的认知能力、社会与情感能力因子的函数。

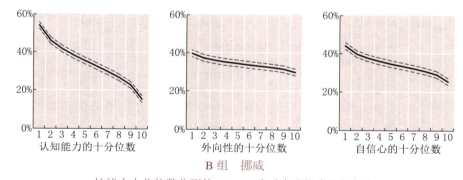

B 组　挪威

按能力十分位数分列的 26—31 岁时自我报告的抑郁率

注：实线表示 26—31 岁处于《抑郁情绪问卷》（Depressive Mood Inventory）最高四分位数的概率，虚线表示 2.5%—97.5% 的置信区间。结果基于 OECD 的纵向分析（见专栏 3.1）。认知能力是通过一个潜在的认知能力因子获取的，该因子是用 15—19 岁时的成就测试分数、学业成绩和自我评定的学业能力的测量结果来估算的。社会与情感能力是通过一个潜在的外向性因子和一个潜在的自信心因子获取的，前者是用 15—19 岁时的害羞、社交接受度和友好程度的测量结果来估算的，后者是用 15—19 岁时的自我满意度和自信心的测量结果来估算的。

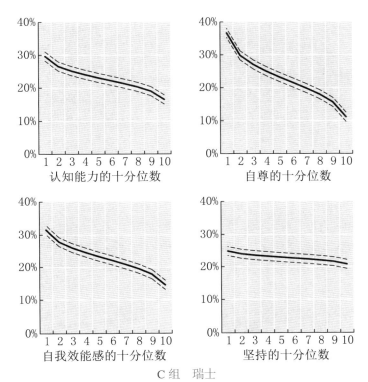

C 组 瑞士

按能力十分位数分列的 25 岁时自我报告的抑郁率

注：实线表示 25 岁时自我报告处于抑郁量表最高四分位数的概率，虚线表示 2.5%—97.5% 的置信区间。结果基于 OECD 的纵向分析（见专栏 3.1）。认知能力是通过一个潜在的认知能力因子获取的，该因子是用 15 岁时的 PISA 阅读、数学和科学成绩的测量结果来估算的。社会与情感能力是通过一个潜在的自尊因子、一个潜在的自我效能感因子以及一个潜在的坚持因子获取的，潜在的自尊因子是用 16 岁时的自我满意度、"对自己优点的认可"和"做好事情的信心"的测量结果来估算的，潜在的自我效能感因子是用 16 岁时的"对自己努力解决困难问题的能力的信心""对处理任何妨碍他 / 她的事情的信心"和"对有效处理突发事件的信心"的测量结果来估算的，潜在的坚持因子是用 16 岁时的"目标实现导向"、严谨性和细致性的测量结果来估算的。抑郁量表是用对自我报告的积极和消极情绪的测量构建的。

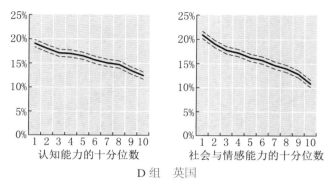

D 组　英国

按能力十分位数分列的 16 岁时自我报告的抑郁率

　　注：实线表示 16 岁时自我报告的抑郁率，虚线表示 2.5%—97.5% 的置信区间。结果基于 OECD 的纵向分析（见专栏 3.1）。认知能力是通过一个潜在的认知能力因子获取的，该因子是用 10 岁时的一般认知能力的测量结果来估算的。社会与情感能力是通过一个潜在的社会与情感能力因子获取的，该因子是用 10 岁时的自尊、控制点和坚持的测量结果来估算的。抑郁是通过抑郁评定分数（Malaise score）15 分或以上识别的。

57

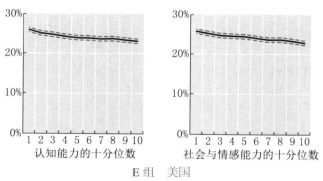

E 组　美国

按能力十分位数分列的八年级时自我报告的抑郁率

　　注：实线表示八年级时自我报告至少"部分时间"有抑郁经历的概率，虚线表示 2.5%—97.5% 的置信区间。结果基于 OECD 的纵向分析（见专栏 3.1）。认知能力是通过一个潜在的认知能力因子获取的，该因子是用幼儿园时的一般认知能力的测量结果来估算的。社会与情感能力是通过一个潜在的社会与情感能力因子获取的，该因子是用幼儿园时的自我控制、学习方法和内化行为的测量结果来估算的。

图 3.5　社会与情感能力对抑郁的影响很大

StatLink 🔗 http://dx.doi.org/10.1787/888933163716

　　图 3.6 显示，提高社会与情感能力对降低个人自我报告出现行为问题的概率的影响要强于提高认知能力的相应影响，但英国（D 组）除外。就新西兰而言，将一名 8 岁儿童的社会与情感能力（基于对社区中同龄人的毅力、责任感和社交能力的测量）从最低十分位数提高到最高十分位数，可将其 16 岁时自我报告出现行为问题（酗酒、吸烟、药物滥用、暴力和打架）的概率降低 15 个百分点，而提高认知能力的相应影响在统计上是不显著的。在韩国（责任感，A 组）和瑞士（自尊和自我效能感，C 组），社会与情感能力对出现行为问题的影响也很大。

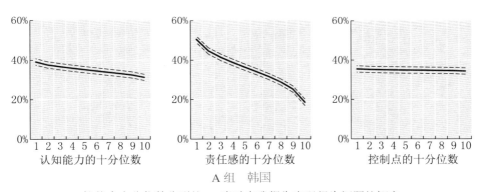

按能力十分位数分列的 15 岁时自我报告出现行为问题的概率

　　注：实线表示 15 岁时自我报告在过去一年中参与严重殴打他人、打群架、抢劫、盗窃、戏弄或戏谑、威胁或欺凌的概率，虚线表示 2.5%—97.5% 的置信区间。结果基于 OECD 的纵向分析（见专栏 3.1）。社会与情感能力是通过一个潜在的责任感因子和一个潜在的控制点因子获取的，前者是用 14 岁时的冲动、沮丧和担忧的测量结果来估算的，后者是用 14 岁时的"对自己做决定的信心""对自己处理问题的能力的信念"和"对自己生活负责的能力的信念"的测量结果来估算的。认知能力是通过一个潜在的认知能力因子获取的，该因子是用 14 岁时的成就测试分数和学业成绩的测量结果来估算的，并以潜在的责任感和控制点因子为调节。该实证模型假定，成就测试分数和学业成绩的测量结果是潜在的认知能力、社会与情感能力因子的函数。

58

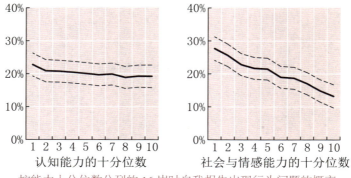

按能力十分位数分列的 16 岁时自我报告出现行为问题的概率

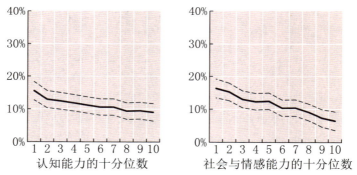

按能力十分位数分列的 20 岁时自我报告出现行为问题的概率

B 组　新西兰

注：实线表示 16 岁时自我报告参与酗酒、吸烟、药物滥用、暴力和打架的概率（上图），以及 20 岁时自我报告参与吸食大麻和与警察发生冲突的概率（下图），虚线表示 2.5%—97.5% 的置信区间。结果基于 OECD 的纵向分析（见专栏 3.1）。认知能力是通过一个潜在的认知能力因子获取的，该因子是用 8 岁时的成就测试和问题解决测试的测量结果来估算的。社会与情感能力是通过一个潜在的社会与情感能力因子获取的，该因子是用 8 岁时的毅力、责任感和社交能力的测量结果来估算的。

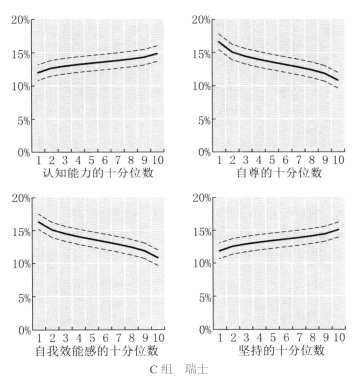

C 组　瑞士

按能力十分位数分列的 17 岁时自我报告出现行为问题的概率

注：实线表示 17 岁时自我报告与警察发生冲突和发生校园犯罪的概率，虚线表示 2.5%—97.5% 的置信区间。结果基于 OECD 的纵向分析（见专栏 3.1）。认知能力是通过一个潜在的认知能力因子获取的，该因子是用 15 岁时的 PISA 阅读、数学和科学成绩的测量结果来估算的。社会与情感能力是通过一个潜在的自尊因子、一个潜在的自我效能感因子以及一个潜在的坚持因子获取的，潜在的自尊因子是用 16 岁时的自我满意度、"对自己优点的认可"和"做好事情的信心"的测量结果来估算的，潜在的自我效能感因子是用 16 岁时的"对自己努力解决困难问题的能力的信心""对处理任何妨碍他 / 她的事情的信心"和"对有效处理突发事件的信心"的测量结果来估算的，潜在的坚持因子是用 16 岁时的"目标实现导向"、严谨性和细致性的测量结果来估算的。

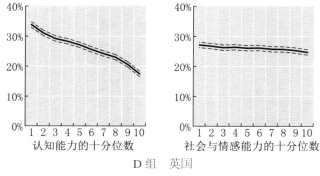

D 组　英国
按能力十分位数分列的 16 岁时自我报告出现行为问题的概率

注：实线表示 16 岁时自我报告大量饮酒或吸烟的概率，虚线表示 2.5%—97.5% 的置信区间。结果基于 OECD 的纵向分析（见专栏 3.1）。认知能力是通过一个潜在的认知能力因子获取的，该因子是用 10 岁时的一般认知能力的测量结果来估算的。社会与情感能力是通过一个潜在的社会与情感能力因子获取的，该因子是用 10 岁时的自尊、控制点和坚持的测量结果来估算的。

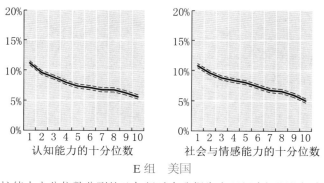

E 组　美国
按能力十分位数分列的八年级时自我报告出现行为问题的概率

注：实线表示八年级学生自我报告参与打斗的概率，虚线表示 2.5%—97.5% 的置信区间。结果基于 OECD 的纵向分析（见专栏 3.1）。认知能力是通过一个潜在的认知能力因子获取的，该因子是用幼儿园时的一般认知能力的测量结果来估算的。社会与情感能力是通过一个潜在的社会与情感能力因子获取的，该因子是用幼儿园时的自我控制、学习方法和内化行为的测量结果来估算的。

图 3.6　社会与情感能力对出现行为问题的影响很大

StatLink ■■■ http://dx.doi.org/10.1787/888933163728

在许多 OECD 国家和伙伴经济体，校园欺凌已成为一个重要的政策关注点。图 3.7 揭示了能力如何影响韩国学生的攻击性行为，韩国在这一问题上面临着相当大的挑战（Sarzosa and Urzua，2013）。它表明，学生自我报告参与欺凌的主要原因是他们缺乏责任感。将一名 14 岁韩国儿童的责任感从最低十分位数提高到最高十分位数，可将其在 15 岁时自我报告实施欺凌的概率降低 13 个百分点。相比之下，儿童的认知能力对其自我报告实施欺凌的概率没有任何影响。

60

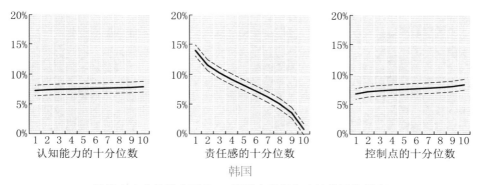

认知能力的十分位数　　责任感的十分位数　　控制点的十分位数

韩国

按能力十分位数分列的 15 岁时自我报告实施欺凌的概率

图 3.7　社会与情感能力对实施欺凌的影响很大

注：实线表示 15 岁时自我报告在过去一年严重戏弄或戏谑、威胁或欺凌他人的概率，虚线表示 2.5%—97.5% 的置信区间。结果基于 OECD 的纵向分析（见专栏 3.1）。社会与情感能力是通过一个潜在的责任感因子和一个潜在的控制点因子获取的，前者是用 14 岁时的冲动、沮丧和担忧的测量结果来估算的，后者是用 14 岁时的"对自己做决定的信心""对自己处理问题的能力的信念"和"对自己生活负责的能力的信念"的测量结果来估算的。认知能力是通过一个潜在的认知能力因子获取的，该因子是用 14 岁时的成就测试分数和学业成绩的测量结果来估算的，并以潜在的责任感和控制点因子为调节。该实证模型假定，成就测试分数和学业成绩的测量结果是潜在的认知能力、社会与情感能力因子的函数。

StatLink ⟶ http://dx.doi.org/10.1787/888933163737

社会与情感能力不仅能降低儿童成为攻击者的概率，还能让他们避免成为攻击行为的受害者。图 3.8 显示，提高社会与情感能力对降低个体自我报告遭受欺凌的概率影响很大。例如，C 组显示，如果将在美国上幼儿园儿童的社会与情感能力（基于对自我控制、学习方法和内化行为的测量）从最低十分位数提高到最高十分位数，则其八年级时遭受欺凌的概率就会降低 12 个百分点。提高认知能力也有类似的效果。就韩国（A 组）而言，虽然提高认知能力似乎对遭受欺凌没有影响，但如果将儿童的责任感从最低十分位数提高到最高十分位数，则其成为攻击行为受害者的概率就会降低 5 个百分点。

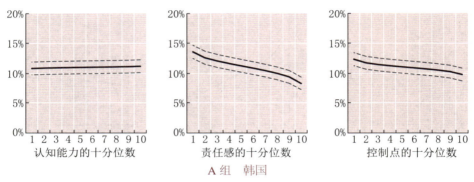

A 组　韩国

根据能力十分位数分列的 15 岁时自我报告遭受欺凌的概率

注：实线表示 15 岁时自我报告被抢劫或被踢的概率，虚线表示 2.5%—97.5% 的置信区间。结果基于 OECD 的纵向分析（见专栏 3.1）。社会与情感能力是通过一个潜在的责任感因子和一个潜在的控制点因子获取的，前者是用 14 岁时的冲动、沮丧和担忧的测量结果来估算的，后者是用 14 岁时的"对自己做决定的信心""对自己处理问题的能力的信念"和"对自己生活负责的能力的信念"的测量结果来估算的。认知能力是通过一个潜在的认知能力因子获取的，该因子是用 14 岁时的成就测试分数和学业成绩的测量结果来估算的，并以潜在的责任感和控制点因子为调节。该实证模型假定，成就测试分数和学业成绩的测量结果是潜在的认知能力、社会与情感能力因子的函数。

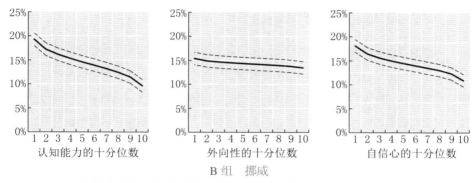

B 组　挪威

按能力十分位数分列的 15—19 岁时自我报告遭受欺凌的概率

注：实线表示 15—19 岁时自我报告遭受暴力威胁和／或受到身体暴力和攻击的概率，虚线表示 2.5%—97.5% 的置信区间。结果基于 OECD 的纵向分析（见专栏 3.1）。认知能力是通过一个潜在的认知能力因子获取的，该因子是用 15—19 岁时的成就测试分数、学业成绩和自我评定的学业能力的测量结果来估算的。社会与情感能力是通过一个潜在的外向性因子和一个潜在的自信心因子获取的，前者是用 15—19 岁时的害羞、社交接受度和友好程度的测量结果来估算的，后者是用 15—19 岁时的自我满意度和自信心的测量结果来估算的。

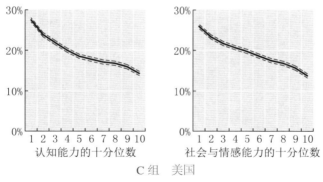

C 组　美国

按能力十分位数分列的八年级时自我报告遭受欺凌的概率

注：实线表示八年级时自我报告经常遭受欺凌的概率，虚线表示 2.5%—97.5% 的置信区间。结果基于 OECD 的纵向分析（见专栏 3.1）。认知能力是通过一个潜在的认知能力因子获取的，该因子是用幼儿园时的一般认知能力的测量结果来估算的。社会与情感能力是通过一个潜在的社会与情感能力因子获取的，该因子是用幼儿园时的自我控制、学习方法和内化行为的测量结果来估算的。

图 3.8　社会与情感能力对遭受欺凌的影响很大

StatLink ░░░ http://dx.doi.org/10.1787/888933163743

社会与情感能力对主观幸福感的影响很大

图 3.9 显示了将能力从最低十分位数提高到最高十分位数对主观幸福感指标（如生活满意度）的影响。研究结果表明，提高社会与情感能力通常对改善自我报告的生活满意度、积极的生活态度和（不）幸福感有相当大的影响，其对这些结果的影响在很大程度上超过了提高认知能力的相应影响。例如，瑞士（C 组）的结果显示，将 16 岁时的自我效能感从最低十分位数提高到最高十分位数，对 25 岁时的积极生活态度有很大的积极影响（提高了 21 个百分点），而提高 15 岁的认知能力（基于对 PISA 阅读、数学和科学成绩的测量）则有很大的负面影响（降低了 16 个百分点）。韩国（A 组）、新西兰（B 组）和美国（E 组）的研究结果也显示，提高社会与情感能力对提高主观幸福感（生活满意度和幸福感）有显著影响。

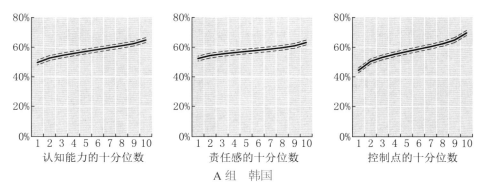

A 组　韩国

按能力十分位数分列的 19 岁时自我报告对生活满意的概率

注：实线表示 19 岁时自我报告对生活满意的概率，虚线表示 2.5%—97.5% 的置信区间。结果基于 OECD 的纵向分析（见专栏 3.1）。社会与情感能力是通过一个潜在的责任感因子和一个潜在的控制点因子获取的，前者是用 14 岁时的冲动、沮丧和担忧的测量结果来估算的，后者是用 14 岁时的"对自己做决定的信心""对自己处理问题的能力的信念"和"对自己生活负责的能力的信念"的测量结果来估算的。认知能力是通过一个潜在的认知能力因子获取的，该因子是用 14 岁时的成就测试分数和学业成绩的测量结果来估算的，并以潜在的责任感和控制点因子为调节。该实证模型假定，成就测试分数和学业成绩的测量结果是潜在的认知能力、社会与情感能力因子的函数。

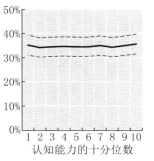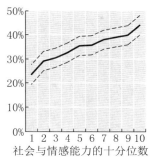

B 组　新西兰

按能力十分位数分列的 20 岁时自我报告非常快乐的概率

注：实线表示 20 岁时自我报告非常快乐的概率，虚线表示 2.5%—97.5% 的置信区间。结果基于 OECD 的纵向分析（见专栏 3.1）。认知能力是通过一个潜在的认知能力因子获取的，该因子是用 8 岁时的成就测试和问题解决测试的测量结果来估算的。社会与情感能力是通过一个潜在的社会与情感能力因子获取的，该因子是用 8 岁时的毅力、责任感和社交能力的测量结果来估算的。

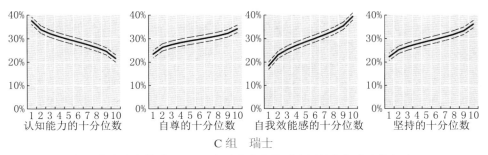

C 组　瑞士

按能力十分位数分列的 25 岁时自我报告对生活持积极态度的概率

注：实线表示 25 岁时自我报告对生活持积极态度的概率，虚线表示 2.5%—97.5% 的置信区间。结果基于 OECD 的纵向分析（见专栏 3.1）。认知能力是通过一个潜在的认知能力因子获取的，该因子是用 15 岁时的 PISA 阅读、数学和科学成绩的测量结果来估算的。社会与情感能力是通过一个潜在的自尊因子、一个潜在的自我效能感因子以及一个潜在的坚持因子获取的，潜在的自尊因子是用 16 岁时的自我满意度、"对自己优点的认可"和"做好事情的信心"的测量结果来估算的，潜在的自我效能感因子是用 16 岁时的"对自己努力解决困难问题的能力的信心""对处理任何妨碍他 / 她的事情的信心"和"对有效处理突发事件的信心"的测量结果来估算的，潜在的坚持因子是用 16 岁时的"目标实现导向"、严谨性和细致性的测量结果来估算的。

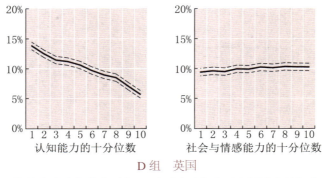

D 组　英国

按能力十分位数分列的 26 岁时自我报告对生活满意的概率

注：实线表示 26 岁时自我报告对生活满意的概率，虚线表示 2.5%—97.5% 的置信区间。结果基于 OECD 的纵向分析（见专栏 3.1）。认知能力是通过一个潜在的认知能力因子获取的，该因子是用 10 岁时的一般认知能力的测量结果来估算的。社会与情感能力是通过一个潜在的社会与情感能力因子获取的，该因子是用 10 岁时的自尊、控制点和坚持的测量结果来估算的。

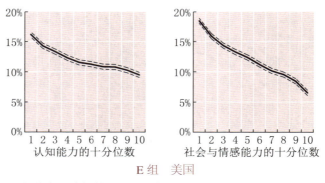

E 组　美国

按能力十分位数分列的八年级时自我报告不快乐的概率

注：实线表示八年级时自我报告不快乐的概率，虚线表示 2.5%—97.5% 的置信区间。结果基于 OECD 的纵向分析（见专栏 3.1）。认知能力是通过一个潜在的认知能力因子获取的，该因子是用幼儿园时的一般认知能力的测量结果来估算的。社会与情感能力是通过一个潜在的社会与情感能力因子获取的，该因子是用幼儿园时的自我控制、学习方法和内化行为的测量结果来估算的。

图 3.9　社会与情感能力对生活满意度的影响很大

StatLink ◼️◼️◼️ http://dx.doi.org/10.1787/888933163758

社会与情感能力可以通过改善行为和生活方式来改善人的生活

社会与情感能力会对各种社会结果产生特别强烈的影响有多种原因。例如，如果社会与情感能力通过影响人们的行为和生活方式（如饮酒、吸烟和暴饮暴食）来提高经济和社会结果，在健康结果方面就可能出现这种情况。这些与健康相关的生活方式因子对糖尿病、肥胖和心理障碍等健康结果具有重要影响（OECD，2010）。图 3.10 提供的证据表明，社会与情感能力可以直接改善与健康有关的生活方式的一些关键指标。

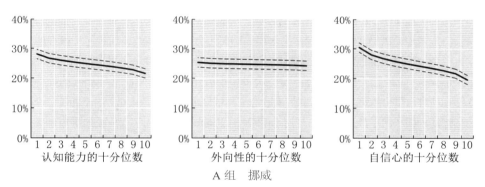

A 组 挪威

按能力十分位数分列的 26—31 岁时自我报告处于酒精障碍最高四分位数的概率

注：实线表示 26—31 岁时处于酒精使用障碍识别测试（Alcohol Use Disorders Identification Test，简称 AUDIT）中酒精使用障碍分布最高四分位数的概率，虚线表示 2.5%—97.5% 的置信区间。结果基于 OECD 的纵向分析（见专栏 3.1）。认知能力是通过一个潜在的认知能力因子获取的，该因子是用 15—19 岁时的成就测试分数、学业成绩和自我评定的学业能力的测量结果来估算的。社会与情感能力是通过一个潜在的外向性因子和一个潜在的自信心因子获取的，前者是用 15—19 岁时的害羞、社交接受度和友好程度的测量结果来估算的，后者是通过 15—19 岁时的自我满意度和自信心的测量结果来估算的。

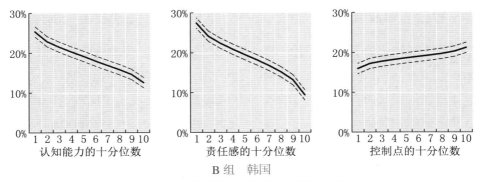

B 组　韩国

按能力十分位数分列的 19 岁时自我报告吸烟的概率

注：实线表示 19 岁时自我报告有吸烟经历的概率，虚线表示 2.5%—97.5% 的置信区间。结果基于 OECD 的纵向分析（见专栏 3.1）。社会与情感能力是通过一个潜在的责任感因子和一个潜在的控制点因子获取的，前者是用 14 岁时的冲动、沮丧和担忧的测量结果来估算的，后者是用 14 岁时的"对自己做决定的信心""对自己处理问题的能力的信念"和"对自己生活负责的能力的信念"的测量结果来估算的。认知能力是通过一个潜在的认知能力因子获取的，该因子是用 14 岁时的成就测试分数和学业成绩的测量结果来估算的，并以潜在的责任感和控制点因子为调节。该实证模型假定，成就测试分数和学业成绩的测量结果是潜在的认知能力、社会与情感能力因子的函数。

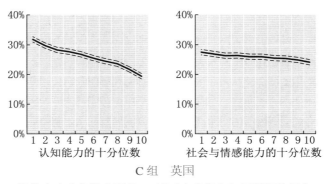

C 组　英国

按能力十分位数分列的 26 岁时自我报告每天吸烟的概率

注：实线表示 26 岁时自我报告每天吸烟的概率，虚线表示 2.5%—97.5% 的置信区间。结果基于 OECD 的纵向分析（见专栏 3.1）。认知能力是通过一个潜在的认知能力因子获取的，该因子是用 10 岁时的一般认知能力的测量结果来估算的。社会与情感能力是通过一个潜在的社会与情感能力因子获取的，该因子是用 10 岁时的自尊、控制点和坚持的测量结果来估算的。

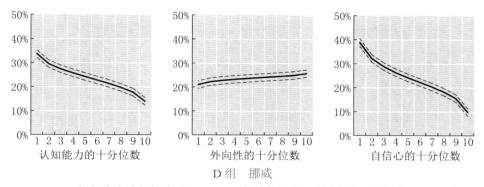

D 组　挪威

按能力十分位数分列的 26—31 岁时自我报告患进食障碍的概率

注：实线表示 26—31 岁时处于进食态度测试（Eating Attitudes Test，简称 EAT）进食
障碍分布最高四分位数的概率，虚线表示 2.5%—97.5% 的置信区间。认知能力是通过一个
潜在的认知能力因子获取的，该因子是用 15—19 岁时的成就测试分数、学业成绩和自我
评定的学业能力的测量结果来估算的。社会与情感能力是通过一个潜在的外向性因子和一
个潜在的自信心因子获取的，前者是用 15—19 岁时的害羞、社交接受度和友好程度的测
量结果来估算的，后者是通过 15—19 岁时的自我满意度和自信心的测量结果来估算的。

图 3.10　社会与情感能力可以改善与健康相关的生活方式因素

StatLink http://dx.doi.org/10.1787/888933163763

在挪威（A 组），15—19 岁时自信心水平的提高会使其处于酒精使用障
碍最高四分位数的概率降低 11 个百分点。认知能力水平的提高也降低了挪
威人酒精使用障碍的概率，但程度较低。

吸烟的情况也与之类似。在韩国（B 组），如果将 14 岁青少年的责任感
从最低十分位数提高到最高十分位数，其 19 岁时每日吸烟的概率就会降低
18 个百分点，远远高于提高认知能力的相应影响（降低 13 个百分点）。然而
值得注意的是，与社会与情感能力的影响相比，认知能力对减少英国（C 组）
人日常吸烟行为的影响很大。在更好地理解每日吸烟对健康的影响以及戒烟
过程中需要遵循的复杂方法方面，认知能力可能比社会与情感能力发挥着更
重要的作用。最后，在挪威（D 组），如果将青少年的自信心从最低十分位数
提高到最高十分位数，他们在成年早期患进食障碍的概率就会降低 29 个百
分点，这一数字远远高于提高认知能力的相应影响（降低 20 个百分点）。

社会与情感能力可以帮助个体从高等教育中获益更多

社会与情感能力还能通过帮助个体从教育中获益更多，从而对各种社会结果产生特别大的影响。图 3.11 展示了上大学对生活满意度、工资、抑郁和酗酒的影响如何因社会与情感能力水平而异。A 组和 B 组显示，社会与情感能力水平较高的人从高等教育中获得的回报更高，这意味着在社会与情感能力方面的投资总体回报更高。

以韩国为例，在控制点分布最高十分位数中，上大学对生活满意度的平均效应为 11 个百分点，而在控制点分布最低十分位数中，相应效应仅为 6 个百分点。以瑞士为例，在自尊分布最高十分位数中，上大学对自我报告抑郁的平均效应为 –10 个百分点，而在自尊分布最低十分位数中，相应效应为 18 个百分点。

社会与情感能力可以提高个体将意图转化为行动的能力

社会与情感能力对各种社会结果产生强烈影响的另一个原因可能是，这些能力有助于"激活"认知能力，从而改善个人的社会经济结果。

为了说明这一点，图 3.12 显示了瑞士高自尊者和低自尊者（分别为分布的最高四分位数和最低四分位数）报告轻度抑郁症状的概率。一方面，在高自尊者中，认知能力的提高可能会显著降低自我报告的抑郁率；另一方面，低自尊者似乎不会从认知能力的提高中获益太多。高认知能力可以帮助个体识别和发展治疗自己抑郁症状的策略，并学习医生的医疗建议。高自尊可能会促使他们将意图转化为具体行动，并参与治疗项目。

卡内罗、克劳福德和古德曼（Carneiro，Crawford and Goodman，2007）根据英国的一项纵向研究提出了类似的证据。他们指出，认知能力与 16 岁时吸烟和旷课行为之间的关系因儿童社交能力的水平而有很大差异。对于社交能力强的人，随着认知能力的提高，他们每周吸烟超过 40 支的概率会降低。然而对于社交能力弱的人，吸烟的概率会随着认知能力的提高而提高。换句话说，对于社交能力强的人，高认知能力与大量吸烟的低概率相关，但

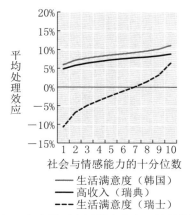
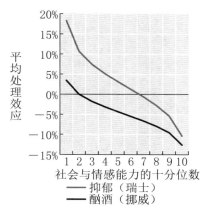

A 组 上大学对生活满意度和工资的影响　　　B 组 上大学对抑郁和酗酒的影响

按社会与情感能力十分位数分列的上大学的平均处理效应

图 3.11 在较高的社会与情感能力十分位数中上大学的回报率更高

注：第一十分位数和第十十分位数之间的平均处理效应（average treatment effects，简称 ATE）差异在统计上显著不为零。平均处理效应是根据韩国、挪威和瑞典的大学入学率以及瑞士的高等教育完成率的效应计算的。结果基于 OECD 的纵向分析（见专栏 3.1）。认知能力是通过一个潜在的认知能力因子获取的，该因子是用 14 岁时的成就测试分数和学业成绩的测量结果（韩国）、15—19 岁时的成就测试分数、学业成绩和自我评定的学业能力的测量结果（挪威）、三年级时的数学成绩、特殊能力和语言能力的测量结果（瑞典），以及 15 岁时的 PISA 阅读、数学和科学成绩的测量结果（瑞士）来估算的。韩国的社会与情感能力是通过一个潜在的控制点因子获取的，该因子是用 14 岁时的"对自己做决定的信心""对自己处理问题的能力的信念"和"对自己生活负责的能力的信念"的测量结果来估算的；挪威的社会与情感能力是通过一个潜在的自信心因子获取的，该因子是用 15—19 岁时的自我满意度和自信心的测量结果来估算的；瑞典的社会与情感能力是通过一个潜在的社会与情感能力因子获取的，该因子是用三年级时的坚毅、社交焦虑和社会合作的测量结果来估算的；瑞士的社会与情感能力是通过一个潜在的自尊因子获取的，该因子是用 16 岁时的自我满意度、自我认可度以及与大多数人一样有做好事情的信心的测量结果来估算的。生活满意度是通过 19 岁时自我报告对生活满意的概率（韩国）和 25 岁时自我报告对生活持积极态度的概率（瑞士）估算的。抑郁（瑞士）是通过 25 岁时自我报告处于抑郁量表（是用对自我报告的积极和消极情绪的测量构建的）最高四分位数的概率获取的。酗酒（挪威）是通过 26—31 岁时处于酒精障碍分布最高四分位数的概率获取的。高收入（瑞典）是通过 30 岁时自我报告处于收入最高四分位数的概率获取的。

StatLink ⬛sl⬛ http://dx.doi.org/10.1787/888933163774

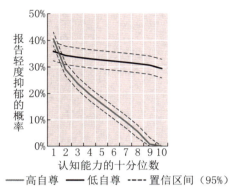

在瑞士，按自尊分布中最高和最低四分位数的认知能力的
十分位数分列的 25 岁时自我报告的抑郁率

图 3.12　在高自尊者中，认知能力对降低抑郁率的影响更大

　　注：实线表示 25 岁时自我报告处于抑郁量表最高四分位数的概率，虚线表示 2.5%—
97.5% 的置信区间。结果基于 OECD 的纵向分析（见专栏 3.1）。认知能力是通过一个潜
在的认知能力因子获取的，该因子是用 15 岁时的 PISA 阅读、数学和科学成绩的测量结
果来估算的。自尊是通过一个潜在的自尊因子获取的，该因子是用 16 岁时的自我满意度、
"对自己优点的认可"和"做好事情的信心"的测量结果来估算的。抑郁是通过自我报告
和识别处于抑郁量表最高四分位数的个体获取的，该量表是用对 25 岁时自我报告的积极
和消极情绪的测量构建的。

StatLink 🇯‍🇵 http://dx.doi.org/10.1787/888933163788

　　对于社交能力弱的人，高认知能力与大量吸烟的高概率相关。认知能力、社
会与情感能力之间的这些复杂互动意味着，解决犯罪问题并非易事。在分析
各种能力对社会经济结果的影响时，应同时考虑这些能力。

在能力分布方面，社会与情感能力能普遍改善儿童的生活结果

　　社会与情感能力是否只有在儿童积累到一定阈值后才重要？OECD 的纵向
分析结果表明，对社会经济结果平均回报高的社会与情感能力，在能力分布中
都很重要。阈值效应的证据有限，只有那些超过一定能力水平的人才能从社会
与情感能力的进一步投资中获益。本章提供的各种图表明，提高社会与情感能
力的平均回报不但很高，而且其影响在整个分布中是连续的。

社会与情感能力为处境不利儿童提供改善生活前景的机会

本章呈现的图总体上表明，社会与情感能力对那些处于社会与情感能力
分布末端的人也很重要，这可能包括处境不利儿童。干预研究（尽管大多基
于美国）提供了投资能力对处境不利群体产生积极影响的证据（见第四章）。
OECD 委托进行的一项文献综述（Kautz et al.，2014）表明，社会与情感能力
可以改善处境不利儿童和青少年在各种劳动力市场和社会结果方面的长期生
活前景（结果概要见表 3.1，对这些干预项目的描述见表 4.2 和 Kautz et al.，
2014）。[①] 虽然一些干预项目在教育和劳动力市场的短期和中期结果方面令人
失望，但其中许多干预项目在犯罪和健康等社会结果方面显示出可观的长期
回报。

68

表 3.1　成功的干预项目能提高儿童实现目标、与他人合作和管理情绪的能力

需要社会与情感能力的任务	培养社会与情感能力	结　果		
		教　育	劳动力市场	社　会
实现目标	尽责性	—	• 收入（Perry、STAR、职业学院、Year-up[②]）	• 犯罪（Perry） • 家庭的形成（职业学院）
	乐于接受新体验	—	• 就业（ABC）	• 健康（ABC）
	自我效能感	• 受教育程度（Seattle）	• 收入（Seattle）	• 健康（Seattle）

---

① 教育、劳动力市场和社会结果的回报可能是由于干预项目的其他特点造成的，这些干
预项目一般具有多重目标，如减少家庭贫困，改善家庭健康，提高儿童智商。此外，
表 3.1 提及的一些干预项目不一定能测试了该项目旨在提高的社会与情感能力，因为
衡量成功与否的最终基准是其他指标，如减贫。据认为，干预项目提高了相关的社会
与情感能力，这反过来又对项目参与者的结果产生了一些影响。

② Year-up 于 2000 年在波士顿成立，旨在消除机会鸿沟，确保年轻人获得技能、经验和
支持，使他们有能力通过职业生涯和高等教育发挥自己的潜能。——译者注

（续表）

需要社会与情感能力的任务	培养社会与情感能力	结　果		
		教　育	劳动力市场	社　会
与他人合作	社交、沟通和团队合作能力	• 受教育程度（PTE） • 学业成绩（BAM、MLES）	• 收入（Perry、STAR、Year-up） • 工资（Dominican） • 就业（Dominican、MLES）	• 犯罪（Perry、MLES）
	宜人性（外向行为）	—	• 收入（Perry） • 就业（ABC）	• 犯罪（Perry） • 健康（ABC）
管理情绪	情绪稳定性（内在行为）、自尊、冲动控制	• 受教育程度（PTE）	• 收入（Jamaican、Perry） • 工资（Dominican） • 就业（ABC、Dominican）	• 犯罪（NFP、Perry） • 健康（ABC）

注：所提供的结果具有统计学意义。ABC［初学者项目（Abecedarian Project）］、Dominican［多米尼加青年就业计划（Dominican Youth Employment Program）］、BAM［成为男子汉（Becoming a Man）］、MLES［蒙特利尔纵向实验研究（Montreal Longitudinal Experimental Study）］、NFP［护士-家庭合作项目（Nurse-Family Partnership）］、Perry［佩里学前教育计划（Perry Pre-school Program）］、PTE［教育之路（Pathways to Education）］、Seattle［西雅图社会发展计划（Seattle Social Development Project）］、STAR［实现复原力的步骤（Steps to Achieving Resilience，简称 STAR）］。

资料来源：Based on Kautz, T. et al. (2014), "Fostering and measuring skills: Improving cognitive and non-cognitive skills to promote lifetime success", *OECD Education Working Papers*, No. 110, OECD Publishing, http://dx.doi.org/10.1787/5jxsr7vr78f7-en.

尽责性、乐群和情绪稳定性是选定的国家和文化中重要的社会与情感能力

干预研究的结果（见表 3.1）和 OECD 纵向研究的回顾概要（见表 3.2）指出了社会与情感能力可以发挥特别重要作用的领域，即实现目标、与他人合作和管理情绪。在这些领域中，有证据表明，尽责性（负责、有毅力、可

靠）、乐群和情绪稳定性可能是终身成功特别重要的驱动因素。这些结论与阿尔姆隆德等人（Almlund et al.，2011）以及古特曼和朔恩（Gutman and Schoon，2013）的文献综述基本一致。

表 3.2　促进儿童终身成功的社会与情感能力能够提高个体实现目标、与他人合作和管理情绪的能力

需要社会与情感能力的任务	社会与情感能力	比利时	加拿大	瑞士	英国	韩国	挪威	新西兰	瑞典	美国
实现目标	责任感	○				●		○		○
实现目标	坚持、毅力	○		●	○			○	○	○
实现目标	控制点、自我效能感		○	●	○	●				
与他人合作	外向性、乐群	○					●	○	○	
与他人合作	适应性								○	
管理情绪	反应性、情绪									○
管理情绪	自信心		○				●			
管理情绪	自尊	○	○	●	○					○

注：本表基于 OECD 纵向分析的实证结果（见专栏 3.1），显示了个体的社会与情感能力从最低十分位数提高到最高十分位数后，至少在一项社会经济结果方面有超过 5 个百分点的统计意义上的显著改善。如果用多种能力测量直接测评相应的潜在社会与情感能力构念对社会经济结果的影响时，此格被标记为●。如果用社会与情感能力的高阶潜在构念间接测评相应的潜在社会与情感能力构念对社会经济结果的影响时，此格被标记为○。这种高阶潜在构念是通过对社会与情感能力的多种测量构建的，其中包括一种对相应潜在社会与情感能力构念的测量。

并不是所有的社会与情感能力都能产生积极影响

虽然前文已经对社会与情感能力的力量作了相当积极的描述，但重要的是要注意到，并不是所有的社会与情感能力对所有结果都能产生积极影响。本章的一些图表明，提高社会与情感能力可以帮助改善某些结果，但也会对其他结果产生消极影响。例如，虽然瑞士儿童的坚持对改善他们的生活态度有相当大的积极影响（见图 3.9，C 组），但这些儿童出现行为问题的概率也加大了，如与警察发生冲突和发生校园犯罪（见图 3.6，C 组）。这显示出以细致入微的视角看待实证结果的重要性。掌握更多的特定能力并不一定有助于改善所有社会经济结果。这可能是因为个体的行为和结果不仅受其拥有的特定的社会与情感能力驱动，还受其根据所面临的环境运用（或"不"运用）这些能力的能力驱动。如果这种能力被认为是另一种社会与情感能力，那么对其进行测量，并测评综合了所有这些社会与情感能力的个体能否在不同的生活环境中持续表现良好，将是很有用的。

结　论

OECD 的纵向分析和实证文献表明，社会与情感能力以及认知能力在推动儿童终身成功方面发挥着重要作用。社会与情感能力在改善社会结果方面特别有效，而认知能力是高等教育和劳动力市场结果的重要推动力（见表 3.3）。此外，认知能力、社会与情感能力相互作用、相互促进，并进一步提高儿童的能力，使他们能够取得积极的结果。

70

表 3.3　认知能力、社会与情感能力有助于儿童终身成功

	能力回报		
	教育	劳动力市场	社会
认知能力	高	高	中
社会与情感能力	低—中	中	高

注：本表是根据本章图 3.1—3.10、表 3.1 和表 3.2 中的结果得出的。

重要的是要重申在这项研究中，不同的纵向数据集使用的能力、结果和控制措施以及受测者的年龄都存在差异。尽管存在这些差异，但研究结果表明，各国的研究结果呈现惊人的一致。然而在不同国家，认知能力、社会与情感能力对结果的影响可能存在很大差异。例如，研究结果表明，儿童认知能力水平的提高，一方面有助于减少英国青少年的行为问题，另一方面也增加了瑞士青少年的行为问题。有些能力在一种文化中可能特别有效，但在另一种文化中则不然。

社会与情感能力的优势可能部分来自其塑造人们的行为和生活方式、从高等教育中获益更多，以及更好地利用其认知能力的能力。社会与情感能力通常对各个能力水平的个体都有益处，提高这类能力的干预项目对处境不利群体尤其有益。这可能对减少社会经济不平等的策略产生重要影响。在已测量和测试的各种社会与情感能力中，尽责性、乐群和情绪稳定性是影响未来劳动力市场和社会前景的最重要因素。

OECD 纵向分析中使用的认知能力测量很可能是通过学生、学校或学校体系通常用来衡量教育成功的能力（如成就测试、学业成绩和读写测试）来获取的。我们在此提供的证据表明，它们仍应继续作为关键测量指标，因为认知能力对儿童的教育和劳动力市场结果特别重要。然而，能力的其他重要维度可能值得更多关注。本章的分析表明，即使是社会与情感能力的单一维度，也可以预测儿童未来的多种积极结果。不像学业成绩和成就测试，这些能力并不总是被定期测量并向教师和家长报告，以改进教学和学习。虽然并非所有的社会与情感能力都能改善结果，但有志于更好地加强对个体幸福感和社会进步的各种测量的政策制定者，可以考虑利用这一能力发展领域。

参考文献

Abramson, L. Y., M. E. P. Seligman and J. D. Teasdale (1978), "Learned helplessness in humans: Critique and reformulation", *Journal of Abnormal Psychology*, Vol. 87, No. 1, pp. 49–74.

Almlund, M. et al. (2011), "Personality psychology and economics", *Handbook of the Economics of Education*, Vol. 4, pp. 1-181.

Carneiro, P., C. Crawford and A. Goodman (2007), *The Impact of Early Cognitive and Non-Cognitive Skills on Later Outcomes*, Centre for the Economics of Education, London School of Economics, London.

Cunha, F. and J. J. Heckman (2008), "Formulating, identifying and estimating the technology of cognitive and noncognitive skill formation", *Journal of Human Resources*, Vol. 43, No. 4, pp. 738-782.

Cunha, F., J. J. Heckman and S. Schennach (2012), "Estimating the technology of cognitive and noncognitive skill formation", *Econometrica*, Vol. 78, No.3, pp. 883-931.

Gutman, L. M. and I. Schoon (2013), *The Impact of Non-cognitive Skills on Outcomes for Young People. Literature Review*, Institute of Education, University of London, London.

Heckman, J. J., J. E. Humphries and G. Veramendi (2014), "Education, health and wages", *NBER Working Paper*, No. 19971.

Heckman, J. J. and T. Kautz (2012), "Hard evidence on soft skills", *Labour Economics*, Vol. 19, No.4, pp. 451-464.

Heckman, J. J., J. Stixrud and S. Urzua (2006), "The effects of cognitive and noncognitive abilities on labor market outcomes and social behavior", *Journal of Labor Economics*, Vol. 24, No.3, pp. 411-482.

Kautz, T. et al. (2014), "Fostering and measuring skills: Improving cognitive and non-cognitive skills to promote lifetime success", *OECD Education Working Papers*, No. 110, OECD Publishing, http://dx.doi.org/10.1787/5jxsr7vr78f7-en.

OECD (2010), *Obesity and the Economics of Intervention: Fit Not Fat*, OECD Publishing, Paris, http://dx.doi.org/10.1787/9789264084865-en.

Rotter, J. B. (1966), "Generalized expectancies for internal versus external control of reinforcement", *Psychological Monographs: General and Applied*, Vol.80,

No.1, pp. 1–28.

Sarzosa, M. and S. Urzua (2014), "Implementing factor models for unobserved heterogeneity in stata: The heterofactor command", mimeo, University of Maryland, pp. 1–26.

Sarzosa, M. and S. Urzua (2013), "Bullying and cyberbullying in teenagers: The role of cognitive and non-cognitive skills", mimeo, University of Maryland.

Seligman, M. (1991), *Learned Optimism: How to Change Your Mind and Your Life*, Alfred A. Knopf, New York, NY.

Tough, P. (2012), *How Children Succeed: Grit, Curiosity, and the Hidden Power of Character*, Houghton Mifflin Harcourt, New York, NY.

Urzua, S. and G. Veramendi (2012), "Empirical strategies to identify the determinants and consequences of skills", mimeo, University of Maryland.

第四章

推动能力形成的学习环境

　　本章描述了能力发展的过程是如何展开的，并强调了"由能力产生能力"的成功发展路径所涉及的要素。社会与情感能力在人的能力形成中具有特别重要的作用，因为它不仅能促进未来社会与情感能力的发展，还能促进认知能力的发展。父母参与、依恋对儿童早期社会与情感能力的发展有相当大的影响。校本项目也可以发挥作用，通过辅导促进教师和儿童之间深入互动。专门为提高学生的社会与情感能力而设计的项目在短期内取得了积极的结果，但很少有长期的严格评估。现有的少数几个项目主要针对处境不利儿童，它们对社会与情感能力的发展产生了长远的影响。成功的儿童早期干预项目直接涉及儿童和父母，通常包括父母培训、咨询课程和辅导。针对年龄较大儿童的成功项目是培训教师，针对年龄较大青少年的成功项目则强调辅导和工作场所实践学习。

社会与情感能力发展的过程

能力发展最显著的特征之一是"由能力产生能力"

发展能力就像滚雪球。孩子们收集了一把雪，开始在地上滚动。它变得越来越大；雪球越大，长得越快。如果儿童想在青少年期结束前滚出一个大雪球，就必须及早滚出一个小而结实的雪球。由雪产生雪，由能力产生能力。图 4.1 说明了这一点。

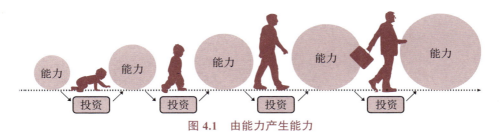

图 4.1 由能力产生能力

今天掌握更多的能力有助于明天掌握更多的能力

本章对上一章的分析进行了拓展，用基于动态因子模型的证据来解释能力是如何随着时间的推移而逐步发展的。图 4.2 显示了按韩国青少年 14 岁时的能力水平，模拟了 14 岁时能力的提高对 15 岁时能力提高的影响。它表明，一开始处于不同能力十分位数的儿童在下一阶段获得的能力数量不同。14 岁时社会与情感能力（此处指儿童的责任感和控制点）的提高对 15 岁时社会与情感能力的影响随着 14 岁时社会与情感能力水平的提高而提高。此外，随着 14 岁时社会与情感能力的提高，14 岁时社会与情感能力的提高对 15 岁时认知能力（通过成就测试分数和学业成绩反映）的影响也随之提高。图 4.2 还显示，14 岁时认知能力的提高对 15 岁时认知能力的影响随着 14 岁时认知能力水平的提高而提高，但速度较慢。这表明，在发展未来认知能力方面，当前的社会与情感能力水平比当前的认知能力水平更重要。自信、有责任感并相信自己有能力影响未来的儿童比那些已经很聪明的儿童更有可能

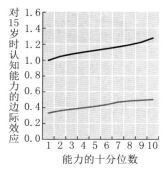

A 组　按能力十分位数分列的 14 岁时认知能力、社会与情感能力的提高对
14—15 岁认知能力变化的边际效应

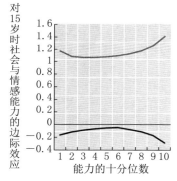

B 组　按能力十分位数分列的 14 岁时认知能力、社会与情感能力的提高对
14—15 岁社会与情感能力变化的边际效应

注：结果基于 OECD 的纵向分析（见专栏 3.1）。社会与情感能力是通过一个潜在的
社会与情感能力因子获取的，该因子是用 14 岁时的责任感和控制点的测量结果来估算的。
认知能力是通过一个潜在的认知能力因子获取的，该因子是用 14 岁时的成就测试分数和
学业成绩的测量结果来估算的，并以潜在的社会与情感能力因子为调节。该实证模型假
定，成就测试分数和学业成绩的测量结果是潜在的认知能力、社会与情感能力因子的函
数。投资是通过一个潜在的投资因子获取的，该因子是用对私立教育的财力和时间（针对
认知能力）以及对父母参与和协调（针对社会与情感能力）的测量结果来估算的。

图 4.2　今天掌握更多的能力有助于明天掌握更多的能力（韩国）

StatLink ᐧᎫᏚᏞ http://dx.doi.org/10.1787/888933163793

达到高学业标准。

美国的研究也得出了类似的结果。儿童期的认知能力、社会与情感能力水平对这些能力的未来发展有很大影响（Cunha and Heckman，2008；Cunha，Heckman and Schennach，2012）。此外，这些研究还表明，虽然过去的认知能力水平对未来的社会与情感能力影响有限，但过去的社会与情感能力水平在发展认知能力方面发挥着重要作用。社会与情感能力（即上述发现中冷静、尊重他人和情绪稳定）水平较高的儿童更有可能在成就测试中表现出色。PISA 2012 的最新证据也与上述发现相符。学生在学校的参与度、他们认为自己能取得高水平成就的信念以及他们尽一切努力实现目标的能力和意愿，在塑造学生掌握学科知识和提高认知水平的能力方面发挥着核心作用（OECD，2013a）。

总之，今天掌握更多的能力可以让个体在未来获得更多的能力。这也表明，能力不平等会随着时间的推移而逐步加剧，在儿童生活早期解决能力缺陷问题非常重要。来自韩国和美国的证据表明，对处境不利儿童（即那些年幼时往往能力水平较低的儿童）进行社会与情感能力方面的早期投资，对于他们积累足够的认知能力、社会与情感能力非常重要。否则，一旦能力不平等问题变得严重，社会就需要对其进行补救。

"由能力产生能力"可以用能力的累积性和能力水平较高者获得更多学习投资的趋势来解释

有几种方法可以解释为什么"由能力产生能力"。首先，能力是人力资本的关键组成部分。它们具有累积性，并不一定会随着时间的推移而消失。那些过去积累了较高水平能力的人，未来的能力水平也会更高。图 4.3 通过展示韩国学生当前（14 岁时）的认知能力、社会与情感能力水平与未来（15 岁时）能力水平的关系来说明这一点。A 组显示，当前认知能力的十分位数越高，未来认知能力的水平就越高。此外，那些今天拥有更多社会与情感能力的人，明天往往拥有更多的认知能力。在那些认知能力处于第五十分位数的人中，如果其社会与情感能力从最低十分位数提高到最高十分位数，他们未来的认知能力就会提高一个标准差。B 组显示，当前社会与情感能力的十分位数越高，未来社会与情感能力的十分位数就越高。然而，当前认知能力的十分位数似乎并不影响未来社会与情感能力的十分位数。

"由能力产生能力"的另一个可能原因是，能力水平较高的人可能会获得更多的学习投资。如果儿童在能力发展方面表现出可喜的进步，父母可能会对他们的能力进行更多的投资。教师可能会花更多的时间和精力去帮助那些学习动机更强的学生。或者说，与那些不那么有动机和不那么聪明的儿童相比，动机更强和更聪明的儿童更有可能寻找新的学习机会。表 4.1 显示了儿童能力水平的提高对他们为进一步发展这些能力而获得的投资变化的影响。这表明，社会与情感能力水平较高的儿童往往会得到更多的投资，以进一步发展其认知能力、社会与情感能力。表现出较强责任感、控制点和自尊

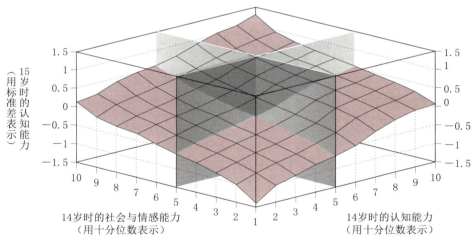

A 组　15 岁时的认知能力同 14 岁时的认知能力、社会与情感能力的函数关系

注：结果基于对韩国的 OECD 纵向分析（见专栏 3.1）。社会与情感能力是通过一个潜在的社会与情感能力因子获取的，该因子是用 14 岁时的责任感、控制点和自尊的测量结果来估算的。认知能力是通过一个潜在的认知能力因子获取的，该因子是用 14 岁时的成就测试分数和学业成绩的测量结果来估算的，并以潜在的社会与情感能力因子为调节。该实证模型假定，成就测试分数和学业成绩的测量结果是潜在的认知能力、社会与情感能力因子的函数。投资是通过一个潜在的投资因子获取的，该因子是用对私立教育的财力和时间（针对认知能力）以及对父母参与和协调（针对社会与情感能力）的测量结果来估算的。

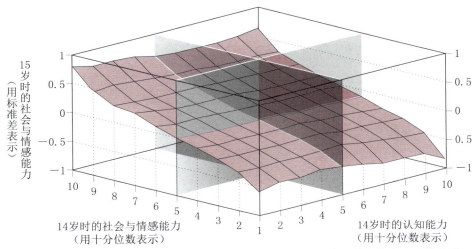

B 组 15 岁时的社会与情感能力同 14 岁时的认知能力、社会与情感能力的函数关系

注：结果基于对韩国的 **OECD** 纵向分析（见专栏 3.1）。社会与情感能力是通过一个潜在的社会与情感能力因子获取的，该因子是用 14 岁时的责任感、控制点和自尊的测量结果来估算的。认知能力是通过一个潜在的认知能力因子获取的，该因子是用 14 岁时的成就测试分数和学业成绩的测量结果来估算的，并以潜在的社会与情感能力因子为调节。该实证模型假定，成就测试分数和学业成绩的测量结果是潜在的认知能力、社会与情感能力因子的函数。投资是通过一个潜在的投资因子获取的，该因子是用对私立教育的财力和时间（针对认知能力）以及对父母参与和协调（针对社会与情感能力）的测量结果来估算的。

图 4.3 社会与情感能力促进认知能力、社会与情感能力的积累（韩国）

StatLink ⬛ http://dx.doi.org/10.1787/888933163804

的韩国儿童，往往有更好的学习条件来提高他们的认知能力、社会与情感能力。然而，认知能力并非如此：韩国父母可能会试图在认知能力、社会与情感能力上投入更多，以弥补儿童认知能力的不足。

文献还表明，较高的社会与情感能力会引发更多的学习投资。例如，斯金纳和贝尔蒙特（Skinner and Belmont，1993）的研究表明，表现出较强动机和参与度的学生往往会从教师那里得到更多的参与和支持。也有证据表明，来自较高社会经济背景家庭的儿童往往具有较高的社会与情感能力水平（见**OECD**，2013a，家庭社会经济地位与学生参与、动力和动机之间呈正相关的

表 4.1　社会与情感能力水平较高的儿童在认知能力、
社会与情感能力方面获得的新投资水平较高（韩国）

	对社会与情感能力的新投资	对认知能力的新投资
社会与情感能力的提高	增加	增加
认知能力的提高	减少	减少

注：结果基于对韩国的 OECD 纵向分析（见专栏 3.1）。过去的能力对投资的影响均在 α = 0.05 时具有统计学意义。社会与情感能力是通过一个潜在的社会与情感能力因子获取的，该因子是用 14 岁时的责任感、控制点和自尊的测量结果来估算的。认知能力是通过一个潜在的认知能力因子获取的，该因子是用 14 岁时的成就测试分数和学业成绩的测量结果来估算的，并以潜在的社会与情感能力因子为调节。该实证模型假定，成就测试分数和学业成绩的测量结果是潜在的认知能力、社会与情感能力因子的函数。投资是通过一个潜在的投资因子获取的，该因子是用对私立教育的财力和时间（针对认知能力）以及对父母参与和协调（针对社会与情感能力）的测量结果来估算的。

证据）。只要这些家庭能够为其子女提供高质量的学习环境和投资，那些社会与情感能力水平较高的子女就有可能获得更高水平的学习投资。例如，哈特和里斯利（Hart and Risley，1995）提供的证据表明，与不太富裕的家庭相比，社会经济地位较高的家庭更倾向于与子女交谈。

"由能力产生能力"还可解释为能力水平较高者从新的能力投资中获益更多

"由能力产生能力"背后的另一个重要驱动力可能是，那些拥有更多能力的人更有能力从特定的学习环境或投资（如干预项目）中获益。聪明的儿童可能更善于从课程活动中学习，从而进一步发展他们的数学或语言能力。动机强的儿童在经历了激励性的学习活动后，可能会变得更有动机。

对韩国的 OECD 纵向分析也揭示了这一问题。图 4.4 描述了通过投资发展认知能力、社会与情感能力的生产率如何因能力水平而异。对认知能力的投资是通过父母对私立教育的投资获取的，而对社会与情感能力的投资是通过父母的参与和协调获取的。使用模拟的能力因子和 14 岁时的投资生产率来衡量 14—15 岁的能力增长，结果显示，社会与情感能力水平越高，在发展认知能力、社会与情感能力方面的投资生产率就越高。

图 4.4（A 组）显示，在韩国，社会与情感能力水平最高（即处于第十十

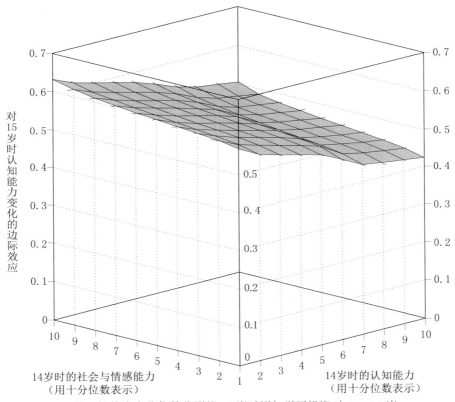

A 组　按能力十分位数分列的 14 岁时增加学习投资对 14—15 岁
认知能力变化的边际效应

注：结果基于对韩国的 OECD 纵向分析（见专栏 3.1）。社会与情感能力是通过一个潜在的社会与情感能力因子获取的，该因子是用 14 岁时的责任感、控制点和自尊的测量结果来估算的。认知能力是通过一个潜在的认知能力因子获取的，该因子是用 14 岁时的成就测试分数和学业成绩的测量结果来估算的，并以潜在的社会与情感能力因子为调节。该实证模型假定，成就测试分数和学业成绩的测量结果是潜在的认知能力、社会与情感能力因子的函数。投资是通过一个潜在的投资因子获取的，该因子是用对私立教育的财力和时间（针对认知能力）以及对父母参与和协调（针对社会与情感能力）的测量结果来估算的。

80

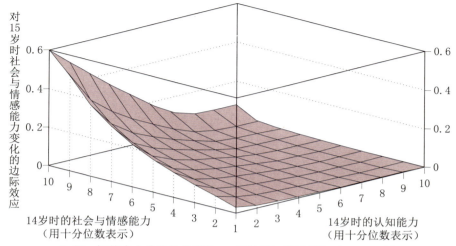

B 组　按能力十分位数分列的 14 岁时增加学习投资对 14—15 岁
社会与情感能力变化的边际效应

注：结果基于对韩国的 OECD 纵向分析（见专栏 3.1）。社会与情感能力是通过一个
潜在的社会与情感能力因子获取的，该因子是用 14 岁时的责任感、控制点和自尊的测量
结果来估算的。认知能力是通过一个潜在的认知能力因子获取的，该因子是用 14 岁时的
成就测试分数和学业成绩的测量结果来估算的，并以潜在的社会与情感能力因子为调节。
该实证模型假定，成就测试分数和学业成绩的测量结果是潜在的认知能力、社会与情感能
力因子的函数。投资是通过一个潜在的投资因子获取的，该因子是用对私立教育的财力和
时间（针对认知能力）以及对父母参与和协调（针对社会与情感能力）的测量结果来估
算的。

图 4.4　社会与情感能力水平较高者从新的学习投资中获益更多，
从而进一步发展其认知能力、社会与情感能力（韩国）

StatLink 🔗 http://dx.doi.org/10.1787/888933163819

分位数）的儿童在培养未来认知能力方面的生产率比社会与情感能力水平最
低（即处于第一十分位数）的儿童高 7—8 个百分点。此外，图 4.4（B 组）
显示，社会与情感能力水平最高的儿童在培养未来社会与情感能力方面的生
产率比社会与情感能力水平最低的儿童高 7—50 个百分点。在较低的认知能
力十分位数中，提高对社会与情感能力的学习投资对儿童未来社会与情感能
力的影响通常要大得多。这意味着，对于缺乏认知能力的处境不利儿童，社

会与情感能力可能是一个特别重要的政策杠杆。这些变化可以带来长期的、逐步增加的回报（见下文的论点和图4.5）。这一结果也与来自美国的证据相吻合，美国的证据显示，能力对通过投资发展能力的生产率具有显著正向影响（Cunha and Heckman，2008；Cunha，Heckman and Schennach，2012）。

简言之，今天掌握更多的社会与情感能力，有助于儿童未来从学习环境和干预项目中获益更多。他们不仅可以利用这些投资来提高其社会与情感能力，还可以提高认知能力。

尽早对儿童的能力进行充分投资对于儿童的终身成功至关重要

如果儿童的社会与情感能力水平会影响未来在认知能力、社会与情感能力方面的投资的生产率，那么在任何时候对社会与情感能力的投资都会对未来所有能力投资的生产率产生影响。因此，早期投资应使儿童在更长的时间内获得更高的回报。

图4.5基于对韩国的OECD纵向分析，显示了14岁时的投资对后来（15—16岁）投资回报的影响。A组显示，无论14岁时的能力水平如何，14岁时对认知能力的投资都会提高未来对认知能力投资的影响。从0.01—0.04的正预测值可以看出正相关关系。需要注意的是，回报随认知能力的提高而递减，这表明认知能力水平较低的人从认知能力投资中获益更多，因为他们可以进一步提高这些能力。然而B组显示，14岁时对社会与情感能力的额外投资，只会提高那些一开始就拥有较高社会与情感能力水平的人未来在社会与情感能力方面的投资生产率。因此，韩国的例子表明了在青少年早期之前对社会与情感能力（以及认知能力）进行充分投资的重要性，以便让儿童从未来的投资中获益。经济学文献将这种现象称为"动态互补"（dynamic complementarities）。库尼亚和赫克曼（Cunha and Heckman，2008）与库尼亚、赫克曼和申纳赫（Cunha，Heckman and Schennach，2012）指出，动态互补也适用于美国。早期干预项目文献的证据还表明，初学者项目和佩里学前教育计划等项目提供的儿童早期投资在投资多年后提高了在校学习的效率，并减少了行为问题（Heckman，2008）。

82

虽然早期投资对认知能力尤为重要，但社会与情感能力也可以在儿童早期和青少年早期得到有效提高

尽管早期投资通常会带来更高和更持久的回报，但在得出政策干预的最佳时机的结论之前，我们需要仔细考虑早期与后期能力投资的相对生产率及其相关成本（Shonkoff and Phillips，2000）。在认知能力方面，包括神经科学研究发现在内的证据表明，早期投资对提高一般认知能力非常重要。然而，有关社会与情感能力的最佳投资时机的证据却很有限。库尼亚、赫克曼和申

81

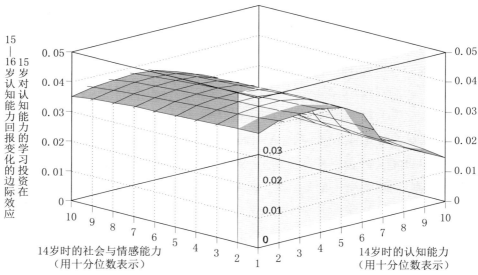

A 组　按能力十分位数分列的 14 岁时增加学习投资（认知能力）对 15 岁时学习投资（认知能力）在 15—16 岁认知能力回报变化的边际效应

注：结果基于对韩国的 OECD 纵向分析（见专栏 3.1）。社会与情感能力是通过一个潜在的社会与情感能力因子获取的，该因子是用 14 岁时的责任感、控制点和自尊的测量结果来估算的。认知能力是通过一个潜在的认知能力因子获取的，该因子是用 14 岁时的成就测试分数和学业成绩的测量结果来估算的，并以潜在的社会与情感能力因子为调节。该实证模型假定，成就测试分数和学业成绩的测量结果是潜在的认知能力、社会与情感能力因子的函数。投资是通过一个潜在的投资因子获取的，该因子是用对私立教育的财力和时间（针对认知能力）以及对父母参与和协调（针对社会与情感能力）的测量结果来估算的。

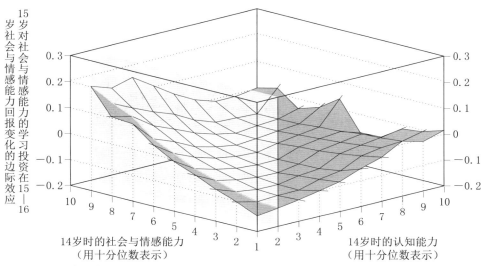

B 组　按能力十分位数分列的 14 岁时增加学习投资（社会与情感能力）对 15 岁时学习投资（社会与情感能力）在 15—16 岁社会与情感能力回报变化的边际效应

注：结果基于对韩国的 **OECD** 纵向分析（见专栏 3.1）。社会与情感能力是通过一个潜在的社会与情感能力因子获取的，该因子是用 14 岁时的责任感、控制点和自尊的测量结果来估算的。认知能力是通过一个潜在的认知能力因子获取的，该因子是用 14 岁时的成就测试分数和学业成绩的测量结果来估算的，并以潜在的社会与情感能力因子为调节。该实证模型假定，成就测试分数和学业成绩的测量结果是潜在的认知能力、社会与情感能力因子的函数。投资是通过一个潜在的投资因子获取的，该因子是用对私立教育的财力和时间（针对认知能力）以及对父母参与和协调（针对社会与情感能力）的测量结果来估算的。

图 4.5　今天的能力投资可提高未来能力投资的回报率（韩国）

StatLink ◢◤ http://dx.doi.org/10.1787/888933163821

纳赫（Cunha，Heckman and Schennach，2012）的研究是少数几个阐明这一点的研究之一。他们比较了用当前的投资去弥补上一时期遗留下来的低能力水平的难易程度。他们用来自美国的纵向数据表明，虽然新投资难以弥补早期（0—6 岁）认知能力投资的不足，但后期（7—14 岁）在社会与情感能力上的投资仍有可能弥补早期的不足。

　　本章主要依据对韩国的 **OECD** 纵向分析结果以及极少数有关这一问题的

现有证据。评估能力形成动态的实证研究很少，原因在于可用于此类分析的微观纵向数据有限。这就需要重新开发有关各国的能力、学习环境和结果的纵向数据。第六章提出了 OECD 关于今后收集此类数据的建议。

推动社会与情感能力发展的学习环境

学习是在家庭、学校和社区等各种环境中进行的。在儿童生命的不同阶段，每种环境都起着重要的作用。事实证明，在培养儿童的社会与情感能力方面，各种环境都有共同的要素和方法。学习情境的一致性可能会影响到它们在塑造儿童的社会与情感发展方面的生产率。

儿童自出生始，家庭在培养儿童的社会与情感能力方面就具有重要作用

家庭 [①] 可以通过提供指导、培养习惯、传授价值观和分享期望来促进儿童的社会与情感发展。对韩国的 OECD 纵向分析表明，父母对子女学业的参与以及为维持家庭和谐所做的努力，对儿童在青少年早期（14—16 岁）的社会与情感发展方面起着重要的推动作用。实证文献还表明，提供激励性活动的支持性和温暖的家庭能够提高儿童的认知能力、社会与情感能力（Baxter and Smart，2011；Cabrera，Shannon and Tamis-LeMonda，2007；Cunha，Heckman and Schennach，2012）。对 PISA 数据的分析表明，父母参与阅读、写字、讲故事和唱歌的儿童不仅在阅读素养方面得分更高，还更有学习动机（OECD，2012）。同样，父母的态度和管教方式在影响儿童的社会与情感状况方面也发挥着重要作用（Kiernan and Huerta，2008）。产生健康依恋的支持性关系对儿童理解和调节情绪、安全感以及探索和学习的兴趣有积极影响

[①] 在本部分中，讨论将围绕父母展开；然而，包括兄弟姐妹和祖父母在内的其他家庭成员在儿童发展中也发挥着重要作用。祖父母的作用正变得越来越重要，因为他们中的许多人充当了父母和正式儿童保育的补充（有时甚至是替代）。很明显，与祖父母和兄弟姐妹的关系有助于培养儿童的社会与情感能力。然而，这方面的研究较少。

（Noelke，forthcoming）。

许多因素影响父母参与子女社会与情感发展的程度，包括子女的年龄、父母的社会经济特征、对工作的态度和社会期望。父母参与的一个重要障碍是他们花在其他活动上的时间，包括工作。父母的工作可能会妨碍亲子关系，因为这会减少子女与父母相处的时间及其质量（Belsky et al.，1988；Belsky and Eggebeen，1991；Noelke，forthcoming）。然而，父母就业也意味着更多的家庭收入，这可能会对儿童的发展产生积极影响，因为这样就可以购买学习材料、服务和体验，从而可能有利于能力的形成（Conger and Elder，1994）。

女性历来是幼儿的主要照顾者，因此大多数研究都着眼于母亲就业对儿童的影响。总体证据表明，母亲在幼儿一岁时的就业可能会对幼儿的认知、社会与情感发展产生轻微的负面影响，尤其是在母亲从事全职工作的情况下（Noelke，forthcoming）。然而，其他因素，如父母受教育程度、参与正规托儿机构的情况以及父母与子女之间的互动质量，似乎比单纯的母亲就业对幼儿发展的影响更大（Brooks-Gunn，Han and Waldfogel，2010；Huerta et al.，2011）。在父母受教育程度较高的双亲家庭中，母亲就业的微小负面影响最常被观察到（Gregg et al.，2005；Huerta et al.，2011；Noelke，forthcoming）。如果父母从事有偿工作，在富裕家庭长大的儿童可能会损失更多，因为他们得到的替代照料可能不如父母。相反，母亲就业对处境不利儿童的危害可能较小，因为额外的收入、压力的减轻和获得正式托儿服务的机会抵消了与子女相处时间的减少（OECD，2011；Noelke，forthcoming）。

学校通过课程、课外活动和在教与学中引入创新，进一步提高儿童的社会与情感能力

随着儿童年龄的增长，学校在能力形成的过程中变得越来越重要。学校可以提供有利于社会与情感发展的创新课程及课外活动（见第五章）。教师作为有效的辅导者及学习促进者，在提高儿童的自尊、动机及情绪稳定性方面可以发挥特别重要的作用。同伴也能发挥作用，因为儿童可以从朋友和同

学那里学习各种社会与情感能力，比如合作、协商和乐群。

虽然有许多独立的项目，部分是为了提高社会与情感能力而设计的，但这些项目都没有经过严格或长期的评估。考茨等人（Kautz et al.，2014）在专栏4.1中提供了三个美国项目的例子，尽管只有短期评估。

在美国，对基于学校的社会与情感学习干预项目的大规模元分析的证据也提供了许多经验。第一，社会与情感学习项目对目标设定、冲突解决和决策等社会与情感能力有显著的正向影响。第二，任课教师和其他学校工作人员可以推动社会与情感学习项目取得成功。第三，可以将社会与情感学习干预项目纳入常规教育实践。第四，这些干预项目可以在所有教育阶段（小学、初中和高中）都取得成功。第五，有效的社会与情感学习项目需要将学习实践与有序的训练、积极的学习形式、集中时间和注意力于任何能力发展任务，以及明确的学习目标［SAFE（有序的、积极的、集中的和明确的）原则］相结合（Durlak et al.，2011）。最有效的项目是包含所有SAFE做法的项目（Durlak，2003；Durlak，Weissberg and Pachan，2010；Durlak et al.，2011）。在对课后项目的评估中也发现了SAFE实践的价值（Durlak，Weissberg and Pachan，2010）。

> ## 专栏4.1　美国旨在提高社会与情感能力的项目
>
> 　　考茨等人（Kautz et al.，2014）提出了三个美国项目的例子，这些项目的部分目的是提高社会与情感能力。迄今为止进行的短期评估显示出积极的结果。
>
> 　　第一个是"思维工具"（Tools of the Mind），它试图教学龄前儿童和小学低年级儿童调节他们的社会和认知行为。该项目采用的课程鼓励儿童与其他儿童进行角色扮演和小组学习。短期评估显示，该项目取得了积极的结果，包括改善课堂行为及涵盖抑制控制在内的执行功能。
>
> 　　第二个是一个低成本的项目，旨在提高儿童的"心态"，使儿童相信

能力是可塑的，学习可以改变大脑的结构（Dweck，2007）。该项目旨在灌输这样一种观念：成就是努力工作的结果，而不是靠天生的智力。^注事实上，PISA 2012（OECD，2013b）显示，认为努力工作而非天资是成功关键的儿童在 PISA 数学测试中表现更好。虽然"心态"（Mindset）实验的主要目的是提高教育成就，但这个过程涉及提高社会与情感能力，如毅力和意志力。与前面的例子一样，短期结果是积极的。

第三个是"一个目标"（OneGoal）项目，该项目选拔和培训高中教师，通过培养社会与情感能力，帮助学生申请大学、提高学业成绩和考试分数，并坚持读完大学。该项目服务于芝加哥的经济困难学校，其中大多数学校的大学入学率低于 50%。短期评估再次证明该项目是成功的，它改善了高中的学业指标，提高了高中毕业率和大学入学率。

注：此外，教师使用认知激活技术的学生，如问学生有助于他们思考的问题，提出可以用几种不同方式来解决的问题或帮助儿童从错误中学习，其数学学习的毅力和解决问题的开放性也更高。因此，建构和呈现教学内容的方式对学生如何发展和运用其认知能力、社会与情感能力有很大的影响。

资料来源：Kautz, T. et al. (2014), "Fostering and measuring skills: Improving cognitive and non-cognitive skills to promote lifetime success", *OECD Education Working Papers*, No. 110, OECD Publishing, http://dx.doi.org/10.1787/5jxsr7vr78f7-en.

课外活动也为儿童提供了大量机会，让他们在与同伴或组织者互动的非正式环境中参与体育、音乐、艺术甚至学业活动，从而发展社会与情感能力。课外活动被期望对学生的社会与情感能力产生积极影响，同时还能实现其他目的，包括学生的学业、文化和身体的发展。参加体育活动、艺术俱乐部或戏剧俱乐部，可以提高儿童的社会与情感能力，包括纪律、团队合作能力和好奇心（Covay and Carbonaro，2010）。

参与运动对社会与情感能力的影响已被广泛研究。有证据表明，参与体育会产生积极影响，尽管这种影响相对较小。刘易斯（Lewis，2004）的元分析表明，体育活动与风险行为的减少存在微弱但显著的关系：参与体育活动的学生不太可能出现药物滥用和攻击性行为。分析还表明，体育活动与更高水平的自尊和自我效能感有关。贝利（Bailey，2006）认为，体育教育对能力发展的益处取决于以下三个方面：（1）该项目能否提升乐趣、多样性和全民参与；（2）该项目是否由认真负责、训练有素的教师和教练教授；（3）该项目是否得到知情家长的支持。

也有研究表明，戏剧和舞蹈等表演艺术活动可以提高社会与情感能力，如自尊、自我控制、毅力、社交能力、情绪调节和同情心（研究综述见Winner，Goldstein and Vincent-Lancrin，2013）。

在 OECD 国家，学生通常参与学校管理和课堂管理，这是课外活动的另一种形式。学生可以成为班级代表或参加学生会，这可以培养其行使民主所需的能力，如谈判、团队合作和承担责任（Taylor and Johnson，2002）。研究发现，学生对学生会的参与可以很好地预测他们的未来政治参与度（Davies et al.，2006）。学生也可以承担课堂任务，这可以提高他们的自我效能感和责任感。

亲社会活动也能提高儿童的主动性、自我调节、自信和与他人合作的能力。特别是将课堂教学与社区服务相结合的服务性学习，越来越多地作为一种教学方法被采用，研究也证明了这种教学方法的积极效果。例如，对服务学习研究的元分析表明，服务学习项目在学业表现、社交能力、公民参与以及对自我、学校和学习的态度等方面都取得了显著成效（Celio，Durlak and Dymnicki，2011）。

由于资源的限制，大多数学校可能没有能力在课程和课外活动方面进行重大创新。不过，它们可以在不进行重大变革的情况下，调整现有的做法，并引入创新的做法来培养社会与情感能力。有证据表明，如果课程明确地将社会与情感能力融入学习过程，这些能力就可以在数学和语言等标准科目中被有效地教授（Trilling，forthcoming）。例如，这可以通过引入基于项目的研究来实现，该研究包括基于现实问题的动态和交互式问题解决。基于项目（或基于问题）的方法需要明确的目标和指导，以及资源（如访问图书馆、博物馆等）和针对儿童应掌握的各种能力的多维评估（Barron and Darling-Hammond，2008）。虽然这些创新可以在有限的范围内引入，但它们仍然需要校长、教师和家长的全面支持。

教师很可能是儿童成功发展社会与情感能力以及认知能力的推动力。虽然这似乎是显而易见的，但还没有任何一项评估研究能确定在品格发展方面取得成功的教师特征。一项研究表明，教师在提高社会与情感能力方面可能发挥着潜在的重要作用。杰克逊（Jackson，2013）使用美国北卡罗来纳州的数据表明，九年级的数学和英语教师能对学生的认知能力、社会与情感能力产生影响，这是通过学生的缺勤、停学、成绩和按时升学来测量的。杰克逊估计，教师对儿童社会与情感能力的影响比对认知能力的影响更大。此外，这项研究表明，教师影响认知能力、社会与情感能力的能力在很大程度上是独立的，这意味着一些教师可能特别擅长培养儿童的社会与情感能力，但不一定擅长培养儿童的认知能力，反之亦然。这表明，教师的某些特征可能特别有助于提高儿童的社会与情感能力。

社区通过为非正式学习提供宝贵的环境，进一步提高儿童的社会与情感能力

社区学习环境最重要的组成部分是非正式学习。非正式学习包括校外的一系列课外、公民和文化活动，与学生学业、社会和公民意识方面的结果的积极变化有关（Conway，2009）。参与表演艺术和亲社会活动的儿童更有可能拥有积极的身份认同和更高的自尊（Lewis，2004）。非正式学习依赖校外的社区活动。因此，它与社区资源水平以及社会经济地位、同伴价值观等特征相关。此外，父母的社交网络也会影响儿童非正式学习机会的质量和强度。桑普森、莫雷诺夫和厄尔斯（Sampson，Morenoff and Earls，1999）指出，父母的朋友圈可以成为能力形成的有效邻里资源。其他家长可能不仅可以提供直接的社会支持和养育信息，还有助于强化理想的规范和行为（Noelke，forthcoming）。

86

干预项目为处境不利儿童提供发展社会与情感能力的宝贵手段

有相当多的证据表明，当儿童在不利的学习环境中长大时，他们的认知能力、社会与情感能力会受到负面影响（Shonkoff and Phillips，2000；Feinstein，2003；Schady et al.，2014）。低收入不仅与缺乏购买有利于能力形成的商品和服务的资源有关，还与父母的压力和对儿童需求反应较差的养育行为有关（Elder and Caspi，1988）。此外，最近的证据表明，在贫困中长大的压力会对儿童的大脑发育和成年后的大脑功能产生负面影响（Angstadt et al.，2013）。因此，干预项目在提高处境不利儿童的社会与情感能力方面大有可为，使他们能够更好地适应他们所处的具有挑战性的环境，并最终实现社会流动。

表4.2列出了考茨等人（Kautz et al.，2014）所述的有希望的干预项目清单，以及OECD确定的美国以外的其他项目。这份清单包含经过严格评估并证明直接或间接提高社会与情感能力的项目。该表旨在突出各项目的主要特点，包括目标群体、位置、内容和能力目标。

成功的儿童早期和儿童期干预强调积极的亲子依恋，并让父母直接参与培训项目

表4.2列出了一些儿童早期和儿童期干预项目，这些项目成功地提高了儿童的社会与情感能力（特别是社交能力和情绪调节）以及随后的成人结果。该表显示，大多数为解决家庭贫困问题而开展的成功项目是为了使儿童和父母都参与进来。因此，这些项目大多在学校/中心和家庭中开展。

强有力的家庭参与、亲子互动和家长培训是表4.2强调的所有可行项目的共同特点。对家长进行培训，指导其养育子女的方式和方法，以增强安全依恋，可能是改善儿童结果的有效策略。事实上，有证据表明，与父母采用其他教养方式的同龄人相比，父母热情、坚定、公正的儿童往往心理更成熟，更不容易将自己的问题内化或外化（Steinberg，Blatt-Eisengart and Cauffman，2006；Steinberg，2004）。在开展家长培训的同时，通常还要为母

表 4.2　提高社会与情感能力：选定国家的可行干预项目

项目	目的	目标群体		位置			内容									能力目标
		儿童	家长	学校/中心	家庭	工作场所	家庭参与	亲子依恋	辅导[1]	指导,咨询[2]	家长培训	教师培训	社会服务	工作培训	健康服务[3]	
儿童早期																
护士-家庭合作项目（美国）	减贫	产前至1岁	●		●		●								●	词汇能力，减少内化行为，预防反社会行为
初学者项目（美国）	减贫	0岁	●	●	●		●	●		●	●		●		●	减少外化行为，预防反社会行为，学业能力
补充研究（牙买加）（健康）	健康	1—2岁	●	●	●			●		●	●				●	自尊，情绪调节，减少反社会行为和对立行为
开端计划（美国）	减贫	3—5岁	●	●	●		●				●		●		●	社会关系，自我概念，自我效能感，自我调节，情绪调节能力
佩里学前教育计划（美国）	减贫，智商	3—4岁	●	●	●		●	●							●	减少外化行为，学业，动机，智商

（续表）

项目	目的	目标群体		位 置			内 容									能力目标
		儿童	家长	学校/中心	家庭	工作场所	家庭参与	亲子依恋	辅导[1]	指导,咨询[2]	家长培训	教师培训	社会服务	工作培训	健康服务[3]	
芝加哥儿童家长中心（美国）	减贫	3—4岁	●	●			●	●			●	●			●	预防反社会行为，情绪调节，学业能力，智商
稳健起步计划（英国）	减贫	3—4岁	●	●			●				●				●	社会行为（合作，分享，同理心），儿童独立/自我调节
儿童期																
实现复原力的步骤计划（美国）	提高教育的质量	5—6岁	●	●			●	●				●				预防反社会行为，学生的努力，主动性，非参与性行为，课堂上的自我"价值"，智商
西雅图社会发展计划（美国）	预防犯罪	6—7岁	●	●			●				●	●			●	沟通，决策，谈判和解决冲突的能力

（续表）

项目	目的	目标群体		位置			内容									能力目标
		儿童	家长	学校/中心	家庭	工作场所	家庭参与	亲子依恋	辅导[1]	指导咨询[2]	家长培训	教师培训	社会服务	工作培训	健康服务[3]	
蒙特利尔纵向实验研究（加拿大）	预防犯罪	7—9岁	●	●				●				●					社交与行为能力：与教师、父母和同伴的积极互动；问题解决和自我调节
青少年期																	
大哥哥大姐姐计划（美国）	减贫	10—16岁						●		●							自我价值、自信、动机、社会接纳和行为、预防反社会行为、学业能力
促进社会包容的企业（葡萄牙）	降低辍学率	13—15岁			●						●		●				动机、自我控制、问题解决能力、社交能力

（续表）

项目	目的	目标群体 家长	目标群体 儿童	位置 学校/中心	位置 家庭	位置 工作场所	家庭参与	亲子依恋	内容 辅导[1]	内容 指导、咨询[2]	内容 家长培训	内容 教师培训	内容 社会服务	内容 工作培训	内容 健康服务[3]	能力目标
成为男子汉（美国）	降低辍学率和预防暴力		15－16岁	●					●	●						社会认知能力：冲动控制，情绪自我调节，冲突解决，提高对未来的期望和个人责任感
教育之路（加拿大）	降低辍学率		15－18岁	●			●		●	●						学业与社交能力：问题解决，团队建设，沟通和谈判
国民警卫队挑战计划（美国）	降低辍学率		16－18岁	●											●	自信心和责任感，自我控制感，领导意识和潜力，学业能力
职业团（美国）	减贫		16－24岁	●					●						●	人际沟通，问题解决能力，社交和管理能力，技术与学业能力

（续表）

项目	目的	目标群体		位置			内容									能力目标
		儿童	家长	学校/中心	家庭	工作场所	家庭参与	亲子依恋	辅导[1]	指导、咨询[2]	家长培训	教师培训	社会服务	工作培训	健康服务[3]	
青年就业计划（多米尼加）	就业能力	16—28岁		●		●			●					●		自尊、问题解决、决策、冲突解决、同理心、合作、责任感、情绪控制、减少风险行为、沟通、创造性思维
Year-up（美国）	就业能力	18—24岁		●		●				●				●		时间管理、团队合作、问题解决、冲突解决和技术能力
青年计划（智利）	就业能力	18—25岁		●		●				●				●		社交能力、技术能力、学业能力

注：1. 辅导关注职业和个人发展。辅导就是分享信息和经验，提供与接受建议和指导。这是一种持续相当长一段时间。2. 咨询涉及员工的行为。它不但用于了解社会心理问题，而且当个体行为似乎会影响他/她的表现时，还用于了解决与表现相关的问题。它通常是短期干预。3. 健康服务指医疗（如免疫接种计划）、心理健康服务和/或营养培训，视干预项目而定。考核等人（Kautz et al., 2014）为本表提供了原始数据和文献资料。

亲和其他家庭成员提供专业的咨询课程。

　　除美国外，其他国家还有许多儿童早期干预项目，但其中很少有经过严格评估的。英国的"稳健起步计划"（Sure Start Programme）就是儿童早期干预项目的一个很好的例子。这种有针对性的干预与14项理想结果中7项结果的改善有关，包括儿童的社会与情感发展（NESS，2008）。例如，参加"稳健起步计划"的儿童比没有参加该计划的同龄人表现出更积极的社会行为、更强的独立性和自我调节能力。该计划还强调家庭参与，并提供家长培训课程。尽管有这些发现，但"稳健起步计划"不适合进行严格的评估，因为受测者不是随机分配的。

　　像"实现复原力的步骤"和"西雅图社会发展计划"等可行的儿童期项目与成功的儿童早期项目有许多共同之处。家庭参与是这些干预项目中最经常出现的因素。此外，还非常重视教师培训。例如，参与"西雅图社会发展计划"的教师会接受课堂管理、合作学习和互动教学方面的强化培训。另外，还开设了行为管理等其他课程，目的是教导教师如何帮助儿童解决与同伴之间的冲突，从而发展他们解决问题的能力。

成功的青少年干预项目强调通过实际工作经验进行辅导

　　青少年期是人的生理和社会性变化剧烈的时期。因此，这也是许多人选择追求消极、反社会行为的时期。青少年往往比成人冒更多的风险，这可能会给成功实施干预带来困难（Steinberg，2004）。在这种情况下，调动各种项目帮助提高青少年的社会与情感能力，如自律或复原力，可能会成为帮助他们作出正确选择的一种方式。

　　然而，针对青少年的干预项目数量有限，而且多数是基于美国的，往往缺乏严格的评估来确定其长期效果。在现有的为数不多的几个项目中，有一些证据表明辅导的重要性，特别是在构建学习经验、以身作则教授纪律以及提供脚手架的过程中，年轻人可以通过模仿和观察获得他们所需的能力（Kautz et al.，2014）。此外，工作场所也提供了学习正确能力的好机会，特别是对于不在学校的青少年。工作场所的培训可以教会青少年团队合作、效能感和动机等能力的重要性。它还可以灌输给他们一种职业认同感（Rauner，2007）。

以青年就业能力为目标的成功青少年项目的一个显著特点是，重视将实际工作经验和生活能力发展结合起来。例如，多米尼加青年就业计划既提供课堂培训，也提供在职学习的机会。课堂培训由职业能力培训和生活能力培训组成，包括提高自尊、积极性和沟通能力。成功的项目确保与当地雇主就职业培训内容达成一致，以确保所学能力具有实用性。这些能力在参与者的学徒期和在职指导期间得到进一步提高。在各种针对青少年的成功干预项目中，包括那些聚焦降低辍学率（如大哥哥大姐姐计划）以及帮助年轻人就业的干预项目中，辅导是常见的做法。

结　论

社会与情感能力是人在儿童早期形成的能力基础上逐步发展起来的，并通过创新的学习环境和干预项目调动新的投资。有证据表明，对社会与情感能力的投资应及早开始。尽早为处境不利儿童进行社会与情感能力的投资是减少社会经济不平等的重要途径。社会与情感能力在儿童早期和青少年期尤其具有可塑性。社会与情感能力的早期发展有助于未来的认知能力、社会与情感能力的发展。

能力发展必须是整体的、连贯的，这意味着家庭、学校和社区在能力发展中都要发挥重要作用，而且要保持一致，以确保在每种情况下所做的努力都是有效的。在现有的课程中引入现实生活中的项目，可以逐步改进校本实践。成功的学校项目往往是有序的、积极的、集中的，并采用明确的学习实践。现有的项目可以通过促进父母和儿童以及辅导者和儿童之间的积极关系来加以改进。针对处境不利群体的干预项目也得出了类似的结论。干预应及早开始，针对包括家庭和学校在内的所有利益相关者，并为家长提供强有力的培训。成功的干预项目还强调辅导者（父母和教师）与儿童建立可靠和支持性关系的重要性。

92

参 考 文 献

Angstadt, M. et al. (2013), "Effects of childhood poverty and chronic stress on emotion regulatory brain function in adulthood", *Proceedings of the National Academy of Sciences of the United States of America*, Vol. 110, No. 46, pp. 18442–18447.

Bailey, R. (2006), "Physical education and sports in school: A review of benefits and outcomes", *Journal of School Health*, Vol. 76, No. 8, pp. 397–401.

Barron, B. and L. Darling-Hammond (2008), "Teaching for meaningful learning: A review of research on inquiry-based and cooperative learning", The George Lucas Educational Foundation, www.edutopia.org/pdfs/edutopia-teaching-for-meaningful-learning.pdf.

Baxter, J. and D. Smart (2011), "Fathering in Australia among couple families with young children", *Occasional Paper*, No. 37, Department of Families, Housing, Community Services and Indigenous Affairs, Australian Government, Canberra.

Belsky, J. and D. Eggebeen (1991), "Early and extensive maternal employment and young children's socioemotional development: Children of the national longitudinal survey of youth", *Journal of Marriage and the Family*, Vol. 53, pp. 1083–1099.

Belsky, J. et al. (1988), "The 'effects' of infant day care reconsidered", *Early Childhood Research Quarterly*, Vol. 3, No. 2, pp. 235–272.

Brooks-Gunn, J., W. Han and J. Waldfogel (2010), "First-year maternal employment and child development in the first 7 years", *Monographs of the Society for Research in Child Development*, Vol. 75, No. 2, pp. 144–145.

Cabrera, N. J., J. D. Shannon and C. Tamis-LeMonda (2007), "Fathers' influence on their children's cognitive and emotional development: From toddlers to pre-k", *Applied Developmental Science*, Vol. 11, No. 4, pp. 208–213.

Celio, C. I., J. Durlak and A. Dymnicki (2011), "A meta-analysis of the impact of service-learning on students", *Journal of Experiential Education*, Vol. 34, No. 2, pp. 164−181.

Conger, R. and G. H. Elder (1994), *Families in Troubled Times: Adapting to Change in Rural America*, Aldine de Gruyter Publishing, New York, NY.

Conway, A. (2009), *An Investigation into the Benefits of Extracurricular Activities Like Clubs and Societies to Students and Colleges: Are These Benefits Evident in the Opinions and Perceptions of Staff and Students in DIT?*, Dublin Institute of Technology.

Covay, E. and W. Carbonaro (2010), "After the bell: Participation in extracurricular activities, classroom behavior, and academic achievement", *Sociology of Education*, Vol. 83, No. 1, pp. 20−45.

Cunha, F. and J. J. Heckman (2008), "Formulating, identifying and estimating the technology of cognitive and noncognitive skill formation", *Journal of Human Resources*, Vol. 43, No. 4, pp. 738−782.

Cunha, F., J. J. Heckman and S. Schennach (2012), "Estimating the technology of cognitive and noncognitive skill formation", *Econometrica*, Vol. 78, No.3, pp. 883−931.

Davies, L. et al. (2006), *Inspiring Schools: A Literature Review: Taking up the Challenge of Pupil Participation*, Carnegie Young People Initiative, Esmee Fairbairn Foundation, London.

Durlak, J. A. (2003), "The long-term impact of preschool prevention programs: A commentary", *Prevention and Treatment*, Vol. 6, No. 1, https://doi.org/10.1037/1522-3736.6.1.632c.

Durlak, J. et al. (2011), "The impact of enhancing students' social and emotional learning: A meta-analysis of school-based universal interventions", *Child Development*, Vol. 82, No. 1, pp. 405−432.

Durlak, J. A., R. P. Weissberg and M. Pachan (2010), "A meta-analysis of after-school programs that seek to promote personal and social skills in children and adolescents", *American Journal of Community Psychology*, Vol. 45, pp. 294–309.

Dweck, C. (2007), *Mindset*, Ballantine Books, New York, NY.

Elder, G. H. and A. Caspi (1988), "Economic stress in lives: Developmental perspectives", *Journal of Social Issues*, Vol. 44, No. 4, pp. 25–45.

Feinstein, L. (2003), "Inequality in the early cognitive development of British children in the 1970 cohort", *Economica*, Vol. 70, No. 277, pp. 73–97.

Gregg, P. et al. (2005), "The effects of a mother's return to work decision on child development in the United Kingdom", *The Economic Journal*, Vol. 115, pp. F48–F80.

Hart, B. and T. R. Risley (1995), *Meaningful Differences in the Everyday Experience of Young American Children*, Brookes Publishing, University of Michigan, Ann Arbor, MI.

Heckman, J. J. (2008), "Schools, skills and synapses", *Economic Inquiry*, Vol. 46, No. 3, pp. 289–324.

Huerta, M. et al. (2011), "Early maternal employment and child development in five OECD countries", *OECD Social, Employment and Migration Working Papers*, No. 118, OECD Publishing, Paris, http://dx.doi.org/10.1787/5kg5dlmtxhvh-en.

Jackson, C. K. (2013), "Non-cognitive ability, test scores, and teacher quality: Evidence from 9th grade teachers in North Carolina", *NBER Working Paper*, No. 18624.

Kautz, T. et al. (2014), "Fostering and measuring skills: Improving cognitive and non-cognitive skills to promote lifetime success", *OECD Education Working Papers*, No. 110, OECD Publishing, http://dx.doi.org/10.1787/5jxsr7vr78f7-en.

Kiernan, K. and M. Huerta (2008), "Economic deprivation, maternal depression, parenting and child's cognitive and emotional development in early childhood", *The British Journal of Sociology*, Vol.59, No. 4, pp. 783−806.

Lewis, C. P. (2004), *The Relation between Extracurricular Activities with Academic and Social Competencies in School Age Children: A Meta-Analysis*, Texas A&M University, TX.

NESS (2008), "The impact of sure start local programmes on three year olds and their families", Report 27, National Evaluation of Sure Start Research Team, Department for Education and Skills, London.

Noelke, C. (forthcoming), *The Effects of Learning Contexts on Skills*, OECD, Paris.

OECD (2013a), *PISA 2012 Results: Ready to Learn (Volume III): Students' Engagement, Drive and Self-Beliefs*, PISA, OECD Publishing, Paris, http://dx.doi.org/10.1787/9789264201170-en.

OECD (2013b), *PISA 2012 Results in Focus: What 15-Year-Olds Know and What They Can Do with What They Know: Key Results from PISA 2012*, OECD Publishing, Paris, http://www.oecd.org/pisa/keyfindings/pisa-2012-results-overview.pdf.

OECD (2012), *Let's Read Them a Story! The Parent Factor in Education*, PISA, OECD Publishing, Paris, http://dx.doi.org/10.1787/9789264176232-en.

OECD (2011), *Doing Better for Families*, OECD Publishing, Paris, http://dx.doi.org/10.1787/9789264098732-en.

Rauner, F. (2007), "Vocational education and training: A European perspective", in A. Brown, S. Kirpal and F. Rauner (eds.), *Identities at Work*, Springer, Dordrecht.

Sampson, R. J., J. D. Morenoff and F. Earls (1999), "Beyond social capital: Spatial dynamics of collective efficacy for children", *American Sociological Review*, Vol. 64, No. 5, pp. 633−660.

Schady, N. et al. (2014), "Wealth gradients in early childhood cognitive development in five Latin American countries", *Policy Research Working*

94

Paper, No. 6779, The World Bank, Washington.

Shonkoff, J. P. and D. A. Phillips (2000), *From Neurons to Neighborhoods: The Science of Early Childhood Development*, Committee on Integrating the Science of Early Childhood Development, National Academies Press, Washington, DC.

Skinner, E. A. and M. J. Belmont (1993), "Motivation in the classroom: Reciprocal effects of teacher behavior and student engagement across the school year", *Journal of Educational Psychology*, Vol. 85, No. 4, pp. 571–581.

Steinberg, L. (2004), "Risk-taking in adolescence: What changes, and why?", *Annals of the New York Academy of Sciences*, Vol. 1021, pp. 51–58.

Steinberg, L., I. Blatt-Eisengart and E. Cauffman (2006), "Patterns of competence and adjustment among adolescents from authoritative, authoritarian, indulgent, and neglectful homes: A replication in a sample of serious juvenile offenders", *Journal of Research on Adolescence*, Vol. 16, No. 1, pp. 47–58.

Taylor, M. and R. Johnson (2002), *School Councils: Their Role in Citizenship and Personal and Social Education*, National Foundation for Educational Research, Slough.

Trilling, B. (forthcoming), "Roadmaps to deeper learning", in *Pathways to Deeper Learning*, Solution Tree Press, Bloomington, IN.

Winner, E., T. Goldstein and S. Vincent-Lancrin (2013), *Art for Art's Sake?: The Impact of Arts Education, Educational Research and Innovation*, OECD Publishing, Paris, http://dx.doi.org/10.1787/9789264180789-en.

第五章

提高社会与情感能力的政策、实践和测评

　　各国政府认识到，社会与情感能力是通过学校教育培养的重要能力。国家课程中最常提及的相关能力包括自主性、责任感、包容、批判性思维和跨文化理解。各国通过开设各种课程和开展课外活动来促进这些能力的发展。大多数国家的课程科目涉及培养学生的社会与情感能力，无论是用传统的方式，如通过体育与健康教育、公民与公民意识教育、道德和/或宗教教育，还是通过专门科目。一些国家还将社会与情感能力的培养纳入核心课程。还有许多可能对社会与情感能力发展产生积极影响的课外活动，包括体育活动、艺术俱乐部、学生会和志愿者工作。虽然各国并不要求学校对学生的社会与情感能力进行标准化测评，但通常都会提供相关指南，帮助学校对学生进行测评。然而，很少有教育体系就如何促进学生社会与情感能力的发展提供详细指南。虽然这种状况为学校和教师自行设计课程提供了灵活性，但可能无法帮助那些不确定如何最好地培养社会与情感能力的教师。

　　（有关以色列的统计数据由以色列有关当局提供并负责。OECD 使用这些数据无意损害国际法条款对戈兰高地、东耶路撒冷、约旦河西岸犹太人定居点的界定。）

引　言

俗话说熟能生巧，这同样适用于发展社会与情感能力。政策制定者、教师和家长一直很重视教育儿童如何追求具有挑战性的目标、与他人互动和管理压力。因此，社会与情感能力是课程和课外活动的重要组成部分。本章介绍 OECD 国家和伙伴经济体对有关社会与情感能力的教育政策、学校活动和测评的重视程度。本章呈现的信息和分析基于国家调查问卷 ① 和文献综述。

国家教育目标

培养社会与情感能力是每一个教育体系的重要目标

OECD 国家和伙伴经济体的教育体系都认识到，社会与情感能力是为学生的未来做准备不可或缺的能力。在所有参与调查的国家中，教育法案和政策文件中提出的教育总目标通常包括培养社会与情感能力（见表 5.1 和附录 5.A）。这些目标普遍强调个体的全面发展，强调在培养知识和智力的同时培养个体的人格、态度和价值观的重要性。它们还提到，这些能力的均衡发展有助于促进民主、平等、自由与和平。

其中一些目标包括与第二章（见图 2.3）相关的社会与情感能力的具体方面，即实现目标、与他人合作和管理情绪。表 5.1 总结了政策声明中这些能力的类型。例如，在"实现目标"这一类别中，提到的能力包括责任感、自主性和勤奋。与"与他人合作"类别相关的能力包括尊重他人、合作和团

---

① 2013 年 11 月，向 OECD 教育研究与创新中心（Centre for Educational Research and Innovation，简称 CERI）理事会成员以及巴西、希腊和俄罗斯联邦代表发送了一份关于"与社会与情感能力有关的政策和实践"的调查问卷。收到来自澳大利亚、奥地利、比利时（荷语区）、比利时（法语区）、加拿大、智利、捷克、丹麦、爱沙尼亚、芬兰、法国、希腊、爱尔兰、以色列、日本、韩国、卢森堡、荷兰、新西兰、挪威、斯洛伐克、斯洛文尼亚、西班牙、瑞典、瑞士、土耳其、英国（英格兰）、美国、巴西和俄罗斯联邦的答复。2014 年 9 月，各国联系人对第五章的表格进行了确认。

结意识。最后，与"管理情绪"类别相关的能力包括自信心、自尊和独立。虽然并非所有的目标都详细陈述了这些能力，但它们都包含一般的社会与情感能力术语，如态度、社交能力和情感发展。

政策声明对社会与情感能力的关注由来已久。一些教育法可以追溯到半个多世纪以前，比如日本 1947 年颁布的《教育基本法》（2006 年修订）和奥地利 1962 年的《学校教育组织法》。这些政策声明明确提出，教育的目标是培养全面发展的人格和具备横向能力的公民意识。因此，随着时间的推移，发展社会与情感能力一直是各国教育的核心。

国家课程

政策声明可以通过多种方式转化为学校实践。课程标准和指导方针为政府系统、连贯地提高社会与情感能力提供了直接手段。本部分回顾了各国提高社会与情感能力的方法，重点是在小学和初中的国家和地方课程中观察到的具体实践。

社会与情感能力是国家课程框架的目标

国家课程通常是基于特定国家教育体系旨在培养的国家能力框架。这种框架通常与国家教育目标相联系，并包括对目标能力的更详细描述。该框架定义了各级教育跨课程优先顺序的总体情况，而课程则规定了每个年级的详细教学内容。表 5.2 概述了各国现有的小学和初中教育框架（详情见附录 5.A）。

表 5.1　国家教育体系目标中涵盖的社会与情感能力类型

	一般社会与情感能力	特定类别的社会与情感能力		
		实现目标	与他人合作	管理情绪
澳大利亚	●	○	○	●
奥地利	●	●	●	○
比利时（荷语区）	●	●	●	●
比利时（法语区）	●	●	●	●

97

（续表）

	一般社会与 情感能力	特定类别的社会与情感能力		
		实现目标	与他人合作	管理情绪
加拿大（安大略省）[1]	○	○	●	●
智利	●	●	●	●
捷克	●	○	○	○
丹麦	●	●	●	●
爱沙尼亚	●	●	●	●
芬兰	●	○	○	○
法国	●	○	○	○
德国（北莱茵-威斯特法伦州）[1]	●	●	●	●
希腊	●	○	○	○
匈牙利	●	○	●	○
冰岛	●	●	●	●
爱尔兰	●	●	●	●
以色列	●	○	○	○
意大利	●	○	○	○
日本	●	●	●	●
韩国	●	○	○	○
卢森堡	●	○	○	●
墨西哥	●	○	○	○
荷兰	●	○	○	○
新西兰	●	○	○	○
挪威	●	○	○	○
波兰	●	○	○	○
葡萄牙	○	○	○	○
斯洛伐克	●	●	●	●
斯洛文尼亚	●	○	●	●
西班牙	●	●	○	●

（续表）

	一般社会与 情感能力	特定类别的社会与情感能力		
		实现目标	与他人合作	管理情绪
瑞典	●	○	○	○
瑞士（苏黎世州）[1]	●	●	●	○
土耳其	●	●	●	○
英国（英格兰）[1]	●	○	○	○
美国（加利福尼亚州）[1]	○	○	○	○
巴西	●	○	○	○
俄罗斯联邦	●	○	○	○

注：●明确说明；○含蓄说明。

1. 加拿大、德国、瑞士、英国和美国的教育法律和政策完全或主要由地方政府负责。因此，本表中提供的信息反映的是这些国家中人口最多的地方实体的状况。

资料来源：本表根据附录 5.A 所列的政策声明编制，这些政策声明是 OECD 通过国家调查问卷和案头研究确定的。该表所列的政策声明主要是与通识教育有关的立法。荷兰和俄罗斯联邦参考了有关初等教育的立法。

StatLink ████ http://dx.doi.org/10.1787/888933163849

表 5.2　国家课程框架中涵盖的社会与情感能力类型

98

	一般社会与 情感能力	特定类别的社会与情感能力		
		实现目标	与他人合作	管理情绪
澳大利亚	●	○	●	●
奥地利	●	●	●	●
比利时（荷语区）	●	●	●	●
比利时（法语区）	●	●	●	●
加拿大（安大略省）[1]	..	..	..	..
智利	●	●	●	●
捷克	●	●	●	●
丹麦	..	..	..	..
爱沙尼亚	●	●	●	●

（续表）

	一般社会与情感能力	特定类别的社会与情感能力		
		实现目标	与他人合作	管理情绪
芬兰	●	●	●	●
法国	●	●	●	●
德国（北莱茵-威斯特法伦州）[1]	..	..	..	..
希腊	●	●	●	○
匈牙利	●	●	●	●
冰岛	●	●	●	●
爱尔兰	●	●	●	●
以色列	..	..	..	..
意大利	●	●	●	●
日本	●	●	●	●
韩国	●	○	●	○
卢森堡	●	●	●	●
墨西哥	●	●	●	●
荷兰	●	●	●	●
新西兰	○	●	●	●
挪威	●	●	●	●
波兰	●	●	●	●
葡萄牙	○	○	○	○
斯洛伐克	●	●	●	●
斯洛文尼亚	●	●	●	●
西班牙	●	●	○	○
瑞典	●	●	●	○
瑞士（苏黎世州）[1]	..	..	..	..
土耳其	..	..	..	..
英国（英格兰）[1]	..	..	..	..

（续表）

	一般社会与情感能力	特定类别的社会与情感能力		
		实现目标	与他人合作	管理情绪
美国（加利福尼亚州）¹	..	..	..	..
巴西	●	○	○	○
俄罗斯联邦	●	●	●	●

注：●明确说明；○含蓄说明；.. 该课程框架未经 OECD 秘书处发布或确认。

1. 加拿大、德国、瑞士、英国和美国的教育法律和政策完全或主要由地方政府负责。因此，本表中提供的信息反映的是这些国家中人口最多的地方实体的状况。

资料来源：仅基于附录 5.A 所列的课程框架。

StatLink ᐧᐧᐧ http://dx.doi.org/10.1787/888933163853

所有参与调查的课程框架都涉及社会与情感能力，尽管各国对这些能力的确切定义有所不同。许多现有的调查框架描述的社会与情感能力都属于社会与情感能力的三个类别（见表5.2）。例如，框架中的能力包括与"实现目标"有关的自主性和责任感，与"与他人合作"有关的对多样性的包容，以及与"管理情绪"有关的自尊和自律。

澳大利亚基础教育阶段到十年级的课程框架就是一个很好的例子，它具有很强的社会与情感元素。这一框架确定了七种"一般能力"，包括"个人和社会能力""伦理理解"和"跨文化理解"。这些能力并不是作为课程科目添加的，而是通过跨学科的方式。例如，数学课可以通过在数学课堂上提供主动参与、决策、交流和发现，以及独立工作和协作的机会来提高"个人和社会能力"。同样，英语学习也可以帮助学生理解语言是如何被用来影响行为判断、推测后果和影响观点的。

在大多数参与调查的国家，学校开设了旨在培养社会与情感能力的专门科目

在大多数参与调查的国家中，国家或地方课程都包括专门培养学生社会与情感能力的科目（概述见表5.3）。这些课程包括体育和健康教育、公民和

公民意识教育以及道德或宗教教育。

体育在所有参与调查的国家中都是必修课，一般来说，体育的目标除了促进身体发育和健康的生活方式外，还包括发展社会与情感能力。它将为学生提供机会学习如何设定目标和努力改进、与他人合作和控制情绪。健康教育通常与体育相结合，旨在培养学生的自尊和情绪稳定。

公民和公民意识教育是课程的另一组成部分，旨在发展学生的社会与情感能力。公民和公民意识教育的目标通常包括培养学生解决冲突和独立思考的能力。在一些国家，公民和公民意识教育是社会研究的一部分。

许多 OECD 国家也开展道德和宗教教育。这门课程将通过向学生传授当今生活中的道德挑战以及公正和尊重他人的价值观，以期加强品格培养。它还可以通过认识到自我控制或意志力等能力的重要性，鼓励学生发展将道德理想转化为行动的能力（Lapsley and Yaeger，2012）。

此外，一些国家最近还开设了用于发展社会与情感能力的专门科目。专栏 5.1 提供了一些例子。不过，与课程中的其他核心科目相比，这些科目往往是处于次要地位的选修课。

100

表 5.3　小学和初中阶段培养社会与情感能力的科目

	体育和健康教育	公民和公民意识教育	道德和宗教教育	其他科目
澳大利亚	●	●（8—　）	..	
奥地利	●	●（12—14）	●	
比利时（荷语区）	●	○	●	
比利时（法语区）	●	○	●	
加拿大（安大略省）[1]	●	○	●	
智利	●	●	●	
捷克	●	○	●	人与世界（6—11）、人与社会（11—　）、人与工作世界

（续表）

	体育和健康教育	公民和公民意识教育	道德和宗教教育	其他科目
丹麦	●	○	●	
爱沙尼亚	●	○	●	
芬兰	●	○	●	
法国	●	●	‥	课堂生活时间（11— ）
德国（北莱茵–威斯特法伦州）[1]	●	○	●	
希腊	●	●	●	
匈牙利	●	○	‥	人与社会，包括公民教育
冰岛	●	●	●	社会科学，包括社会研究、宗教研究、生活能力、平等权利事务、伦理学
爱尔兰	●	●	●	学校指导项目（12— ）
以色列	●	●	●	生活能力研究
意大利	●	○	▲	
日本	●	○	●	综合学习（9— ）、特别活动
韩国	●	●	●	创造性体验活动
卢森堡	●	○	●	
墨西哥	●	●	●	
荷兰	●	○	▲	
新西兰	●	○	▲	社会科学，包括公民教育
挪威	●	○▲	●	社会研究、挪威语
波兰	●	●	▲	
葡萄牙	●	●	▲	个人发展（非必修）
斯洛伐克	●	●（10— ）	●	
斯洛文尼亚	●	●（12— ）	●（12—15）	
西班牙	●	●（15— ）	▲	

（续表）

	体育和健康教育	公民和公民意识教育	道德和宗教教育	其他科目
瑞典	●	○	●	
瑞士（苏黎世州）[1]	●	●	●	
土耳其	●	●	●（9— ）	情感与社交能力提升课（7—14）、艺术活动、游戏和体育活动、戏剧
英国（英格兰）[1]	●	●（11— ）	●	个人、社会、健康和经济教育（11— ）
美国（加利福尼亚州）[1]	●	○	..	
巴西	●	○	▲	
俄罗斯联邦	●	●（14）	●（10—12）	我们周围的世界（6—10）

注：●有；○没有，但包含在其他科目中；▲有但非必修；.. 没有。括号中的数字表示学生选修该科目的典型年龄，如果该科目不是小学和初中所有年级都开设的话。

1. 加拿大、德国、瑞士、英国和美国的教育法律和政策完全或主要由地方政府负责。因此，本表中提供的信息反映的是这些国家中人口最多的地方实体的状况。

资料来源：信息基于各国对调查问卷的回答以及 OECD 秘书处的案头研究。

StatLink ⏶ http://dx.doi.org/10.1787/888933163865

专栏 5.1　专门培养社会与情感能力的学校科目：国家示例

以色列中小学在 1997 年开设了"生活能力研究"科目。该科目旨在培养学生的社会与情感能力，增强他们应对各种生活状况的能力。它围绕以下五个方面教授能力：（1）自我认同；（2）自我调节；（3）人际关系；（4）休闲、职业选择和学习；（5）应对压力。"生活能力研究"不仅在专门的课时内实施，还在课程的不同科目中得到鼓励。

在英格兰，"个人、社会、健康和经济教育"（personal, social, health and economic education，简称PSHE）是初中的一门非必修科目。该科目通过帮助学生建立个人认同、自信和自尊，作出职业选择并了解影响其决定（包括财务决定）的因素，从而促进学生的个人发展。由于没有标准化的框架或学习项目，教师可以根据学生的需要灵活开设该科。教育部向"个人、社会、健康和经济教育协会"提供补助金，以便该协会与学校密切合作，为学校制定自己的"个人、社会、健康和经济教育"课程提供建议，并提高教学质量。教育部还资助酒精和毒品教育与预防信息服务处（Alcohol and Drug Education and Prevention Information Service），为毒品和酗酒教育提供资源。学校可自由选择使用任何组织和资源。

资料来源：Israel Ministry of Education (2008), "Life skills in primary schools" (in Hebrew), Ministry of Education website, http://cms.education.gov.il/EducationCMS/Units/Shefi/KishureiChaim/meytaviyut/KishureiHaimLeYesody.htm; UK Department for Education (2013), "Personal, social, health and economic (PSHE) education", Department for Education website, www.gov.uk/government/publications/personal-social-health-and-economic-education-pshe/personal-social-health-and-economic-pshe-education.

各国越来越多地采用跨学科综合社会与情感能力的课程

越来越多的国家鼓励学校调整课程，以便在所有科目（包括语言和数学等核心科目）中更好地培养学生的社会与情感能力。例如在韩国，"品格教育"作为一个总主题被纳入课程，贯穿所有教育活动。1995年，韩国在其教育政策中引入"品格教育"的概念。品格教育主要包括在德育课程中，同时也作为跨课程的主题融入课程的其他部分。2009年修订的国家课程聚集创造力和品格教育，并引入"创造性体验活动"，旨在加强中小学课程中的创造力和品格教育（National Youth Policy Institution，2009）。专栏5.2是澳大利亚、捷克和美国的例子。

一些国家目前正在编制新的课程，以加强社会与情感学习在所有科目中的重要性。例如，爱尔兰自 2014 年 9 月起采用了一种针对初中生的新课程［"初中阶段课程框架"（Junior Cycle Framework ）］，更加重视学生在所有科目中的社会与情感发展。除读写和计算外，新课程包括六项"关键能力"：（1）自我管理；（2）保持良好状态；（3）沟通；（4）富有创造力；（5）与他人合作；（6）管理信息和思维。这些能力将体现在所有课程规定的学习结果中，并鼓励教师在备课、教学和测评中纳入这些能力（Department of Education and Skills，2012 ）。

学校的课外活动

课外活动是指体育运动、俱乐部、学生会、志愿者工作、学校事务等对核心学业内容进行补充的活动。它们是学校能够提高学生社会与情感能力的另一个领域。这些活动为学生提供了课堂之外的真实生活情境，并得到了可充当辅导者的成人组织者的帮助。通过这些活动，学生可以有效地学习相关能力，比如责任感、毅力、团队合作能力和自信心。本部分主要关注学校提供的活动，尽管这些活动也可能在社区中开展，如体育俱乐部或文化中心。

102

专栏 5.2　社会与情感能力的全课程方法：国家示例

在澳大利亚，"国家安全学校框架"（National Safe Schools Framework）始于 2003 年，2010 年修订并得到澳大利亚所有教育部长的认可，该框架指导学校社区规划和实施有效的全校安全和幸福感的测量。该框架承认学生安全、复原力、幸福感和学习结果之间的紧密联系，并鼓励所有学校社区成员积极参与发展和维护安全的学校社区。为了帮助学校社区实施该框架，安全学校中心（Safe Schools Hub）网站上提供了大量免费在线资源。这些资源包括学校审计工具（School Audit Tool），帮助学校测评其在多大程度上创建并维持了一个安全和支持性的学习环境，还包括供学校领导、教师、专业人员和职前教师使用的在线专业学习模块。

捷克的基础教育课程有六个与现代社会有关的交叉主题。这些主题包括：（1）个人和社会教育；（2）民主公民教育；（3）欧洲和全球背景下的思维；（4）多元文化教育；（5）环境教育；（6）媒体教育。这些主题贯穿各个教育领域，使学生能综合地看待问题，并运用更广泛的能力。例如，"个人和社会教育"主题领域包括三个方面：个人、社会和道德的发展。它涉及的课程科目包括语言与交流、人与世界、人与社会、艺术与文化。

自20世纪90年代以来，美国一直在推动品格教育的实践。美国国会于1994年批准了"品格教育伙伴计划"（Partnerships in Character Education Program），向各州和地区教育机构提供资助，以支持品格教育的发展。1995—2008年，教育部共发放了97项资助，协助设计、实施及提供机会，让学生学习和理解坚强品格在其生活中的重要性。大多数州已通过立法强制或鼓励开展品格教育。这些州将社会与情感教育纳入通识课程，以促进从幼儿园开始的社会和个人发展。伊利诺伊州成为美国第一个要求每个学区制订在学校实施社会与情感学习计划的州。此外，社会与情感能力已经成为伊利诺伊州教育委员会（Illinois State Board of Education）为幼儿园至十二年级（K-12）学生制定的学习标准的一部分。社会与情感学习的目标是教会学生如何：（1）发展自我意识和自我管理能力，以实现学校和生活上的成功；（2）运用社会意识和人际交往能力，建立和维持积极的人际关系；（3）在个人、学校和社区环境中展示决策能力和负责任的行为。

资料来源：Standing Council on School Education and Early Childhood (2013), "National safe schools framework", http://www.safeschoolshub.edu.au/documents/nationalsafeschoolsframework.pdf; Rámcový vzdělávací program pro základní vzdělávací (2007), *Rámcový vzdělávací program pro základní vzdělávání*, www.vuppraha.cz/wp-content/uploads/2009/12/RVPZV_2007-07.pdf; US Department of Education (2005), "Character education ... Our shared responsibility", US Department of Education website, http://www.ed.gov/admins/lead/character/brochure. html; Illinois Board of Education (n.d.), "Illinois learning standards: Social/Emotional learning (SEL)", http://isbe.net/ils/social_emotional/standards.htm (accessed 10 September 2014).

在所有参与调查的 OECD 国家和伙伴经济体中，学校都在动员开展课外活动

参与调查的所有 OECD 国家和伙伴经济体的学校都开展了课外活动。根据 OECD 2012 年 PISA 学生背景调查问卷，OECD 国家和伙伴经济体中 73% 的 15 岁学生就读的学校组织过志愿服务或服务活动（见图 5.1）（OECD，2013a）。同样，他们中 90% 的人表示，他们就读的学校支持课外体育活动，甚至 60% 以上的学生在支持数学竞赛、艺术和戏剧俱乐部的学校就读。然而，这些活动的可获得性在各国差别很大。这可能反映了各国可用于支持课外活动的资源（包括教师时间）方面的差异。这也可能反映出家长对组织此类活动的需求存在差异。在一些国家，某些课外活动是由外部协会组织的。

103

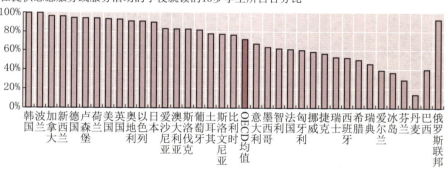

在提供志愿服务或服务活动的学校就读的15岁学生所占百分比

图 5.1　学校是否提供志愿服务或服务活动

注：国家按在提供志愿服务或服务活动的学校就读的学生所占百分比降序排列。

资料来源：OECD (2013a), *PISA 2012 Results: What Makes Schools Successful (Volume IV): Resources, Policies and Practices*, PISA, OECD Publishing, Paris, http://dx.doi.org/10.1787/9789264201156-en.

StatLink ━━━ http://dx.doi.org/10.1787/888933163837

大多数国家将组织课外活动交由学校和当地学区自行决定

各国组织学校课外活动的方式各不相同。在大多数 OECD 国家，课外

活动的组织没有正式的规章制度。这些活动的实施往往由地方当局或个别学校自行决定。因此，这些活动的范围和性质在各国之间和各国内部各不相同。

例如，卢森堡的地方学校管理部门自行规定了课外活动的目标，不受国家指导方针的约束。虽然卢森堡所有的学校都提供课外活动，但课外活动的范围和内容只受当地学校管理部门规定的目标的限制。在法国，2013 年发起了一项名为"地区教育项目"（projet éducatif territorial，简称 PEDT）的倡议，要求各市政府在州政府的财政支持下组织课外（体育、文化和艺术）活动。这项倡议旨在促进现有的和新的课外活动，并让所有学生平等地参与文化和体育活动。"地区教育项目"由地区当局推动，教育领域的其他利益相关者也参与其中，包括国家政府机构、协会以及文化和体育机构。

在一些国家，课外活动有正式的国家指导方针，规定了活动的时间和类型。例如，课外活动是日本学校教育的一个重要组成部分。日本的小学生课程标准［"学习指导要领"（Courses of Study）］规定，学校至少应保证四种特别活动的时间：班级活动、学生会活动、社团活动和学校活动。在学校活动方面，课程建议组织一些具体的活动，如学校旅行，通过这些活动学生可以体验到密集的群体互动并学会尊重他人。除了课程规定的这些活动外，大部分学校还组织学生清洁学校设施。这为学生提供了一个学习如何与他人合作和自律的机会，同时帮助维护一个干净的学习环境。韩国在课外活动方面也有类似的指导方针，规定了"创造性体验活动"的时间分配，包括自主活动、俱乐部活动、志愿活动和职业教育。

无论是否有正式规定，学校和当地教育机构在规划课外活动方面都有比其他课程更大的自主权。这使得课外活动成为学校可以试验性地提高学生社会与情感能力的领域（见专栏 5.3）。由于学校较少受到教室（有时是学校）物理边界的限制，课外活动的组织者或辅导者可以灵活地调动现实生活中的活动和场景，来教授通常需要较强社会与情感能力的生活能力。课外活动往往能激发学生积极参与设计自己的学习体验。它们也可以为学校提供加强与社区联系的机会。

104

专栏 5.3　针对社会与情感能力的基于学校的课外项目：国家示例

自 2007 年以来，德国巴伐利亚州一直在中学开展"一点后的体育辅导者"（Mentor Sport after One）项目。这个项目让被选中的学生在课间休息时成为同学们的辅导者，指导他们参加自发组织的体育活动，如篮球、足球、手球、排球、羽毛球、网球、乒乓球、杂耍和舞蹈。学校负责监督和支持这些活动，教师则在必要时提供建议。该项目的重点不仅在于健康，还在于培养主人翁的性格。因此，该项目对学校的价值观教育有重要作用。

在卢森堡，36 所中学中有 17 所提供"同伴调解"（Peer Mediation）项目。在该项目中，学生自愿参加校外培训，学习如何调解学生之间的校内冲突。培训由国家青年服务处（National Youth Service）与教育部合作提供。该项目向学生传授基本技巧和态度，以改善沟通，更好地了解冲突和暴力的性质，并与同伴模拟调解过程。培训时间为 42 小时，在周末或以"课外活动"的形式进行。培训结束后，他们会在成人教练的陪同下定期在学校开展小组合作。除了调解能力外，学生还学习如何处理日常生活中的冲突和暴力。因此，该项目不仅教授冲突管理，还培养学生的人际交往能力和自尊，并增强他们积极参与社区活动的能力。

资料来源：Bayerisches Staatsministerium für Unterricht und Kultus (2007), *Leitfaden für Schulleiter und Mentorenbetreuer*, Druckhaus Schmid, Jesenwang; Peermediation (2014), Peermediation website, www.peermediation.lu/ (accessed 10 September 2014).

测　评

了解学生的社会与情感能力水平是确定其未来发展需要和改进教学实践的关键。通过学生的反馈，教师奖励某些行为和态度，目的是帮助学生进行社会与情感学习。然而，与学业成就测评相比，社会与情感能力的测评往往不够透明。教师的反馈如果没有足够的跟进，会对学生的自尊产生负面影响。

许多 OECD 国家和伙伴经济体为学校提供学生社会与情感能力测评指南

虽然各国并没有正式要求使用标准化测量测评学生的社会与情感能力，但许多国家和地方司法管辖区都提供了测评指南（见表 5.4）。测评学生的社会与情感能力通常不是为了学生的晋级或认证，也不是为了教师的评估。相反，测评倾向于以一种形成性的方式进行，以帮助教师和学生确定他们在社会与情感能力方面的强项和弱项。

在许多国家，典型的期末学生测评包括对社会与情感能力的评估。例如，加拿大安大略省提供的成绩单模板中，其中"学习能力和工作习惯"的评估与科目分数分开。学习能力和工作习惯被分为责任感、组织能力、独立工作能力、合作能力、主动性、自我调节能力六类，教师对每个类别给出"优秀""良好""满意"和"需要改进"四种评价中的一种。在一至八年级的成绩单上，报告学生学习能力和工作习惯发展情况的部分放在报告学生达到课程预期成绩的部分之前。在九至十二年级的成绩单上，每个科目的学习能力和工作习惯都有一个记录评估的地方。

表 5.4 各国测评社会与情感能力的方法
（小学和初中阶段）

105

	国家（或地方）社会与情感能力测评指南	社会与情感能力被列入典型成绩单
澳大利亚	●	●
奥地利	●	..
比利时（荷语区）	..	●
比利时（法语区）[2]	●	x
加拿大（安大略省）[1]	●	●
智利	●	●

（续表）

	国家（或地方）社会与情感能力测评指南	社会与情感能力被列入典型成绩单
捷克	●	●
丹麦	●	‥
爱沙尼亚	‥	●
芬兰	●	●
法国	●	●
德国（北莱茵-威斯特法伦州）[1]	●	●
希腊	●	●
匈牙利	●	●
冰岛[2]	●	x
爱尔兰	●	●
以色列	●	●
意大利	●	●
日本	●	●
韩国	●	●
卢森堡	‥	‥
墨西哥	‥	‥
荷兰	‥	‥
新西兰	‥	●
挪威	●	●
波兰	●	●
葡萄牙	‥	●
斯洛伐克	●	●
斯洛文尼亚	●	‥
西班牙	‥	‥
瑞典[3]	‥	x
瑞士（苏黎世州）[1]	●	●

（续表）

	国家（或地方）社会与情感能力测评指南	社会与情感能力被列入典型成绩单
土耳其	●	●
英国（英格兰）[1]	..	●
美国（加利福尼亚州）[1]	●	●
巴西	●	●
俄罗斯联邦	..	..

注：●有；.. 没有；x 不适用。

1. 加拿大、德国、瑞士、英国和美国的教育法律和政策完全或主要由地方政府负责。因此，本表中提供的信息反映的是这些国家中人口最多的地方实体的状况。

2. 在比利时（法语区）和冰岛，可选择是否将社会与情感能力测评纳入成绩单。

3. 在瑞典，不使用成绩单。

资料来源：本表根据国家调查问卷和 OECD 的案头研究编制。

StatLink ᠍ http://dx.doi.org/10.1787/888933163879

对社会与情感能力的测评很可能是基于教师对学生在不同情况下的日常行为的观察和判断。在某些情况下，教师可以使用特定的工具来设计他们的测评（见专栏5.4中的示例）。一些国家提倡将自我测评作为一种手段，以提高学生对其社会与情感能力的自我认识。爱尔兰实行自我测评，并在"社会、个人和健康教育"的课程中使用。在中学阶段，自我测评与基于固定标准的同伴测评相辅相成。

106

专栏5.4　学校测评社会与情感能力的工具：国家示例

在加拿大不列颠哥伦比亚省，教育部制定了"社会责任感"表现标准，供学校自愿使用。该标准包括四个测评准则：（1）为课堂和学校社区作出贡献；（2）以和平方式解决问题；（3）重视多样性和捍卫人权；（4）行使民主权利和责任。不同年级组（幼儿园至三年级、四至五年级、六至八年级、八至十年级）有四种量表。测评基于在课堂和操场上长期积累的观察结果。

在比利时（荷语区），有一些工具可用于测量小学生在课堂上的参与度和幸福感。最常见和最常用的工具是由体验式教育中心（Centre for Experience-based Education，简称 CEGO）开发的工具。学校可以用该量表来测评小学生的行为，如自发行为、对任何事情都持开放的态度以及自信心。

美国伊利诺伊州为社会与情感学习目标的每个预设标准都提供了详细的基准和表现说明（见专栏 5.2）。表现说明帮助教师为发展学生的社会与情感能力设计课程和测评。由于 K-12 年级的标准与伊利诺伊州的早期学习标准一致，该体系确保了从儿童早期到青少年期的社会与情感学习的连续性。

资料来源：British Columbia Ministry of Education (n.d.), "BC performance standards-social responsibility: A framework", Ministry of Education website, www.bced.gov.bc.ca/perf_stands/social_resp.htm (accessed 10 September 2014); CEGO (n.d.), Centre for Experience-based Education website, www.cego.be (accessed 10 September 2014).

一些国家调查学生的社会与情感能力，以改善教育体系

一些国家在其国家级调查中测评学生的社会与情感能力，以评估其教育体系。这些调查不一定是为了向学生或教师提供个体反馈，而是为了了解学校、地区或国家层面的教育体系现状。对收集到的数据进行分析，确定体系的优缺点，并提出进一步改进的建议。这些调查包括第三章和第四章的纵向研究分析（见专栏 3.1）。专栏 5.5 介绍了新西兰和挪威的其他例子。

地区和学校层面的倡议

地区倡议可通过课程活动在促进社会与情感能力方面发挥重要作用

除了国家和地方政策外，还有一些地区倡议得益于当地政策制定者、学校领导和非政府组织的大力参与。这些项目往往由不同的教育利益相关者

直接参与，以提供与当地相关的和有效的方法来提高课程活动的质量。专栏 5.6 介绍了里约热内卢（巴西）、渥太华（加拿大安大略省）和凡尔赛（法国）的此类项目实例。

专栏 5.5　包括社会与情感能力测评的全国性调查

107

在新西兰，学校氛围调查是全国中学生健康和幸福感调查的一部分。2012 年，全国随机抽取 91 所学校参与调查。学校氛围调查旨在从对学生和教职工的支持、教职工和学生之间的关系以及学生和教职工的安全等方面描述学校的社会环境。例如，教师问卷包括"学生敏感性"（如"我班上的学生一般都很尊重与自己不同的观点"）、"学生破坏性"（如"我班上的学生一般都会破坏别人正在做的事情"）、"学生乐于助人"（如"大多数学生对教职工都很友好"）等量表。学生问卷还包括一些学校氛围问题，包括"你在多大程度上同意或不同意以下关于你学校的陈述——这所学校的学生很难相处，等等"。

挪威中小学不同年级的学生都参加了学生调查，其中包括学生在学校的社会与情感幸福感测评。挪威的教育和培训局（Directorate for Education and Training）进行了用户调查，包括学生调查、教师调查和家长调查，让学生、教师和家长表达他们对学校学习和生活的看法。用户调查的结果可用于分析和改善学校的学习环境。针对学生的问卷调查包括："你喜欢学校吗？""课间休息时有同学和你一起玩吗？""你对在学校学习感兴趣吗？"

资料来源: The University of Auckland (n.d.), "Youth'12-survey conducted in 2012", The University of Auckland website, https://www.fmhs. auckland.ac.nz/en/faculty/adolescent-health-research-group/youth2000-national-youth-health-survey-series/youth2012-survey.html (accessed 10 September 2014); Norwegian Directorate for Education and Training (n.d.), "Information for pupils, teachers and parents", http://www.udir.no/Upload/Brukerundersokelser/Informasjonsbrev/Informasjon-Elevundersokelsen-engelsk.pdf (accessed 10 September 2014).

专栏 5.6　通过课程活动促进社会与情感能力发展的地区和区域举措：国家示例

巴西里约热内卢州于 2008 年创建的"双元学校模式"（dual school model）支持高中教育的综合模式。这种方法强调发展儿童的认知能力、社会与情感能力，包括态度和价值观，这些对改善其劳动力市场前景和公民参与至关重要。位于里约热内卢市的奇科·阿尼西奥州立学校（Chico Anysio State School）是首批加入该项目的学校之一。该学校项目由艾尔顿·森纳基金会和里约热内卢州教育部共同领导。这项全日制项目采用的课程旨在帮助学生发展技术和社交能力，以适应劳动力市场、社会生活和高等教育的需求。教师可从注重综合方法、技术和教学支持的培训课程中受益。学校明确强调通过跨学科项目、均衡地培养学业和社会与情感能力以及使用数字技术，培养青少年的领导力和学生的自主性。课程还包括市场营销和商业方面的研讨会，并大力推广体育运动。

加拿大渥太华–卡尔顿地区教育委员会（Ottawa-Carleton District School Board）确定了一套所有中学生在离校前都必须掌握的能力和特征，称为"毕业结果"（Exit Outcomes）。这些能力被认为是提高学生幸福感和培养积极的公民意识所不可或缺的。"毕业结果"涵盖了一系列认知能力、社会与情感能力，与第二章所述框架大致符合。本项目鼓励学生具备复原力、全球意识、协作精神、创新/创造力和目标导向。其他毕业结果包括批判性思维、有效沟通、学业多样性、数字流畅性和伦理决策。为了实现这一目标，教育委员会在课程中明确提到这些能力，为教师培训提供信息以及相关的学习环境。该倡议是与学生团体合作制定的，并得到当地教学和商业团体的大力支持。

自 2005 年以来，根据法国教育当局的规定，法国学校被授权设立自己的实验项目。例如，"用身体讲述：拉威尔的《波莱罗舞曲》"（Narrate with Your Body: Ravel's Bolero）项目是 2012 年由凡尔赛"马塞尔·帕尼奥尔"（Marcel Pagnol）学校网络实施的一个当地项目。小学和初中生及其家长和教师都参与其中。这些活动培养了一系列不同的能力：语言能力和动作控制（通过基于语言的舞蹈创作），以及音乐文化、体育（通过体育活动）和技术。目的是加强学生之间和跨代人之间的意见交流，发展细心聆听的能力，鼓励致力于集体工作的决心，发展批判性思维，并解决处境不利学生的自我实现和自尊问题。该项目由学校网络的协调员每日评估，他会参加工作会议，研究学生的书面分析，并与教师和合作伙伴保持密切关系。

资料来源：Académie de Versailles (2012), "*Raconte en corps: le Boléro de Ravel*", http://www.ac-versailles.fr/public/jcms/p1_147748/raconte-en-corps-lebolero-de-ravel (accessed 10 September 2014); OCDSB (2013), "Exit outcomes", Ottawa-Carleton District School Board, Ottawa, Canada; Educação para o Século 2 (2013), "Chico Anysio High School", Instituto Ayrton Senna, http://educacaosec21.org.br/colegio-chico-anysio/.

许多 OECD 国家和伙伴经济体也制定了独立的项目，从小就促进社会与情感能力的发展。它们的作用是替代标准课程。这些项目中的大多数通过明确强调社会与情感发展来提高认知能力和幸福感，以此来使自己与众不同。蒙台梭利学校（Montessori schools）和斯坦纳–华德福学校（Steiner-Waldorf schools）在这方面走在了前列。例如，蒙台梭利教育通常涵盖儿童早期教育和小学教育，其特点是非常注重儿童的自主性、自信心、自尊和创造力。具体做法是将游戏融入学习，在实践中学习而不是在直接指导中学习，还要学会关心自己和环境等。虽然缺乏对蒙台梭利学校和类似项目的长期严格评估，但研究表明，这种教学法在发展儿童的认知能力的同时增强了儿童的积极情绪、活力和动机（综述见 Dohrmann et al.，2007）。

地区倡议可通过课外活动在促进社会与情感能力方面发挥重要作用

学校与社区的伙伴关系还可以通过增加儿童参加课外活动的机会，加强儿童的社区参与，为其社会与情感学习提供更多的机会。最近出现了一场运动，鼓励学校积极接触校外的利益相关者（包括高等教育、企业和社区团体），以加强教育项目。专栏 5.7 介绍了丹麦和英国的例子。

专栏 5.7　促进学校-社区伙伴关系的倡议，通过课外活动提高社会与情感能力：国家示例

丹麦从 2014 年开始实施公立学校改革，以加强学校与社区的联系，从而改善课外活动。这项改革将要求学校与周围社区合作，让当地的体育俱乐部、文化中心、艺术和音乐学校以及各种协会参与进来。市政府还将被要求承诺确保学校与社区的合作。

在英国，辛诺特基金会（Sinnott Foundation）的面向外部的学校项目（Outward-facing Schools Programme）通过向中学教育工作者提供资助，促进学校与社区和家长的联系。其倡议包括学校与当地团体和企业的积极合作，为学生创造社区工作机会，如在养老院做志愿者和在当地小学任教（Bubb，2011）。

资料来源：Danish Ministry of Education (2014), "Improving the public school", http://eng.uvm.dk/~/media/UVM/Filer/English/PDF/140708%20Improving%20the%20Public%20School.ashx; Bubb, S. (2011), *Outward-facing Schools: The Impact of the Sinnott Fellowship*, DFE-RR139, London.

此外，在 OECD 国家，一些学校设计了创新方法来解决学生的社会与情感发展问题（OECD，2013b）。这些倡议包括通过心理训练、武术和爬山来提高控制自己注意力的能力，通过研讨会、角色扮演和放松活动来培养沟通和社交能力，使社会学习测评更加系统化和可视化。

结　论

大多数 OECD 国家和伙伴经济体都认识到培养学生社会与情感能力的必要性。国家或地方政策声明中一般都提到了这一点，强调提高儿童的自主性、责任感和与他人合作能力的重要性。这种强调也反映在国家或地方课程中，在这些课程中，社会与情感能力在各科目内和各科目间都有涉及。此外，大多数国家的学校都会组织一系列课外活动，以提高学生的社会与情感能力。

各国通常都会为学校提供测评学生社会与情感能力的指南，而学校往往会在期末成绩单中测量和报告这些能力。然而，很少有教育体系就如何促进学生社会与情感能力的发展提供详细的指南。国家学校课程不一定会就学校应如何培养学生的社会与情感能力提供明确而实用的指导。虽然这种状况为学校和教师在自行设计课程提供了灵活性，但可能无法帮助那些不确定如何最好地培养社会与情感能力的教师。对那些因需要帮助学生在数学和语文等核心学业课程中取得优异成绩而感到力不从心的教师来说，这可能尤其具有挑战性。

虽然立法和课程并不是塑造学校环境的唯一手段，但教育体系可以考虑加强现有的指南——建立在成功的实践和现有文献证据的基础上。选定的学区和单个学校采取的行动提供了很好的范例，说明如何系统收集有关社会与情感能力的有用信息，以确定哪些人需要更好的教育和指导。

已经有一些很有前景的教学方法和学习环境可供探索（第四章）。教育利益相关者和研究人员之间系统地交流此类信息，有助于为其他人尝试此类实践提供机会，并丰富证据库。虽然可能没有放之四海而皆准的解决方案，但鉴于儿童具有不同的社会和文化背景，在更大范围内确定和推广有前景的策略，可以提高教育体系在增强学生社会与情感能力方面的效果和效率。

参 考 文 献

110

Académie de Versailles (2012), "*Raconte en corps: le Boléro de Ravel*", http://www.ac-versailles.fr/public/jcms/p1_147748/raconte-en-corps-le-bolero-de-ravel (accessed 10 September 2014).

Bayerisches Staatsministerium für Unterricht und Kultus (2007), *Leitfaden für Schulleiter und Mentorenbetreuer*, Druckhaus Schmid, Jesenwang.

British Columbia Ministry of Education (n.d.), "BC performance standards-social responsibility: A framework", Ministry of Education website, www.bced.gov.bc.ca/perf_stands/social_resp.htm (accessed 10 September 2014).

Bubb, S. (2011), *Outward-facing Schools: The Impact of the Sinnott Fellowship*, DFE-RR139, London.

CEGO (n.d.), Centre for Experienced-based Education website, www.cego.be (accessed 10 September 2014).

Danish Ministry of Education (2014), "Improving the public school", http://eng. uvm.dk/~/media/UVM/Filer/English/PDF/140708%20Improving%20the%20 Public%20School.ashx.

Department of Education and Skills (2012), "A framework for junior cycle", Department of Education and Skills, Dublin.

Dohrmann, K. R. et al. (2007), "High school outcomes for students in a public Montessori program", *Journal of Research in Childhood Education*, Vol. 22, No.2, pp. 205−217.

Educação para o Século 2 (2013), "Chico Anysio High School", Instituto Ayrton Senna, http://educacaosec21.org.br/colegio-chico-anysio/.

Illinois Board of Education (n.d.), "Illinois learning standards: Social/Emotional learning (SEL)", http://isbe.net/ils/social_emotional/standards.htm (accessed 10 September 2014).

Israel Ministry of Education (2008), "Life skills in primary schools" (in Hebrew), Ministry of Education website, http://cms.education.gov.il/EducationCMS/ Units/Shefi/KishureiChaim/ meytaviyut/KishureiHaimLeYesody.htm.

Lapsley, D. and D. S. Yeager (2012), "Moral character education", in W. M. Reynolds, G. E. Miller and I. B. Weiner (eds.), *Handbook of Psychology: Vol. 7. Educational Psychology*, 2nd ed., John Wiley and Sons, Inc., New Jersey.

National Youth Policy Institution (2009), "Introduction to creative activities", Ministry of Education, Science and Technology Notice 41, National Youth Policy Institutions, Seoul, Korea, www.nypi.re.kr/eng/data/2010/creative_ activities.pdf.

Norwegian Directorate for Education and Training (n.d.), "Information for pupils, teachers and parents", http://www.udir.no/Upload/Brukerundersokelser/ Informasjonsbrev/Informasjon-Elevundersokelsen-engelsk.pdf (accessed 10 September 2014).

OCDSB (2013), "Exit outcomes", Ottawa-Carleton District School Board, Ottawa, Ganada.

OECD (2013a), *PISA 2012 Results: What Makes Schools Successful (Volume IV): Resources, Policies and Practices*, PISA, OECD Publishing, Paris, http:// dx.doi.org/10.1787/9789264201156-en.

OECD (2013b), *Innovative Learning Environments, Educational Research and Innovation*, OECD Publishing, Paris, http://dx.doi.org/10.1787/9789264203488-en.

Peermediation (2014), Peermediation website, www.peermediation.lu/ (accessed 10 September 2014).

Rámcový vzdělávací program pro základní vzdělávací (2007), *Rámcový vzdělávací program pro základní vzdělávání*, www.vuppraha.cz/wp-content/ uploads/2009/12/RVPZV_2007-07. pdf.

Standing Council on School Education and Early Childhood (2013), "National safe schools framework", http://www.safeschoolshub.edu.au/documents/ nationalsafeschoolsframework.pdf.

The University of Auckland (n.d.), "Youth'12-survey conducted in 2012", The University of Auckland website, https://www.fmhs.auckland.ac.nz/en/faculty/ adolescent-health-research-group/youth2000-national-youth-health-survey- series/youth2012-survey.html (accessed 10 September 2014).

UK Department for Education (2013), "Personal, social, health and economic (PSHE) education", Department for Education website, www.gov.uk/ government/publications/personal-social-health-and-economic-education- pshe/personal-social-health-and-economic-pshe-education.

US Department of Education (2005), "Character education ... Our shared responsibility", US Department of Education website, www.ed.gov/admins/ lead/character/brochure.html.

111

112

附录 5.A　国家和地方教育体系针对社会与情感能力发展的目标和能力框架

"教育体系目标"一栏摘录了国家教育法或其他基础教育政策声明中的国家和地方教育体系目标。"国家课程能力框架"一栏摘录了国家课程框架。与社会与情感能力相关的内容用字体加深标出。

教育体系目标	国家课程能力框架
澳大利亚 澳大利亚的教育体系必须是高质量和高度公平的，这样才能使澳大利亚的年轻人成为成功的学习者、**自信和有创造力的个体以及积极和知情的公民。** ——《澳大利亚教育法》（2013）	F-10 课程包括七种通用能力，被纳入所有学习领域。 七种通用能力： • 读写能力； • 计算能力； • 信息与通信技术的能力； • 批判性思维和创造性思维； • **个人和社会能力；** • **伦理理解能力；** • **跨文化理解能力。** ——《澳大利亚课程》
奥地利 应培养青年成为民主联邦制奥地利共和国的健康、有能力、**有良知和负责任的**社会成员和公民。应鼓励他们**培养独立的判断力和社会理解力，对他人的哲学和政治思想持开放态度，**使他们能参与奥地利、欧洲和世界的经济和文化生活，并以热爱自由与和平的精神为人类的共同任务作出自己的贡献。 ——《学校组织法》（1962）	根据《小学课程纲要》，儿童应在**社会、情感、**智力和体能方面接受基本和均衡的教育。根据学生的个人背景，小学必须完成以下任务： • 激发和培养对学习、能力、兴趣和才能的热情； • 加强和发展学生对自己能力的信心； • 加强或建立**社交能力（负责任的行为、团队精神、适应能力、规则和规范的制定和接受、批判性思维）；** • 提高语言能力（沟通、表达）； • 培养和传授基本知识、能力、见解和态度，以掌握读、写、算能力（包括以适合儿童的方式使用现代通信与信

（续表）

教育体系目标	国家课程能力框架
	息技术），对环境的正确态度和理解，以及艺术、音乐和技术能力、运动和身体能力的全面发展； • 逐步形成正确的学习和工作态度（**毅力、关心、准确性、乐于助人、体贴**）； • 从学前教育中以游戏为导向的学习形式过渡到有目的、独立和集中的学习形式。 ——《小学课程纲要》（《联邦法律公报》第二部分 2005 年 11 月第 368 号）
比利时（荷语区） 教育应发展开放、全面和坚强的人格。广泛的基础教育将确保儿童和青年能够塑造自己的未来。因此，教育属性为社交能力、创造力、好奇心、健康、批判意义、**尊重、勤奋、自立、积极的自我形象和主动性**。 ——《教育政策信函》（2013—2014）	佛兰德大区政府于 1997 年批准了一套被认为是学龄前儿童应该达到的最低目标（*ontwikkelingsdoelen*）。最低目标强调广泛与和谐的教育方法，并确定了三个相关的教育能力领域。 • **个人特征：有积极的自我形象，有上进心和主动性；** • 总体发展：具备**良好的沟通与合作能力，有自主性**，能以一种创造性和解决问题的方式与周围的世界打交道，在学习中明确自己的方向； • 特定能力：体育、表现艺术、语言、环境研究和数学。 ——《普通初等教育发展目标》（2010）
比利时（法语区） 所有基础教育和中等教育的总目标是： • **促进所有学生的自信心和个人发展；** • 要使所有学生获得终身学习所需的知识和能力，并在经济、社会和文化生活中发挥积极作用；	社交能力在不同的能力标准和课程（学前、小学和中学）中都很重要。 ——《核心能力基础》

（续表）

教育体系目标	国家课程能力框架
• 培养所有学生成为负责任的公民，为建设一个民主、互助、多元和对其他文化开放的社会作出贡献； • 为所有学生提供平等的社会发展机会。 ——《使命法令》（1997 年 7 月 24 日）	
加拿大（安大略省） 教育的目的是为学生提供发挥潜能的机会，使他们成长为能力强、有知识、**有爱心的**公民，为社会作出贡献。 ——《安大略省教育法》（1990） 我们新的教育目标是： • 实现卓越：所有年龄段的儿童和学生都将取得高水平的学业表现，掌握有价值的能力，并表现出良好的公民意识。教育工作者将得到持续学习的支持，并被公认为世界上最好的教育工作者之一。 • 确保公平：激发所有儿童和学生的潜能，让他们从出生开始就获得丰富的学习经验，并一直持续到成年。 • 提高幸福感：所有儿童和学生都将获得更好的身心健康、**积极的自我意识和归属感**，以及作出积极选择的能力。 • 增强公众信心：安大略省人将继续对公共资助的教育体系抱有信心，该体系有助于培养自信、有能力和有爱心的新一代公民。 ——《实现卓越：安大略省教育新愿景》（2014）	OECD 秘书处未确认相关信息。

114

教育体系目标	国家课程能力框架
智利 第二条： 教育是一个终身学习的过程，涵盖不同的人生阶段，目的是通过传递和培养价值观、知识和能力，以实现精神、**伦理、道德、情感**、智力、艺术和身体的发展。教育的框架是尊重人权与基本自由、多元文化与和平，以及我们民族的多样性，通过教育人们使其充分发展，**以负责任、包容、富有同情心、民主和积极的**方式参与社会生活，为国家发展作出贡献。 第十九条： 基础教育是针对学生在身体、**情感**、认知、**社会**、文化、**道德**和精神方面的综合培养的阶段，根据本法确定的课程基础所规定的知识、能力和态度来发展能力，并使他们能继续接受正规教育。 第二十九条： 基础教育将设立全球性目标，但并不意味着每个目标都必须是学习者发展知识、能力和态度的科目。 在个人和社会领域： （1）根据其年龄在道德、精神、智力、**情感**和身体方面发展； （2）**培养积极的自尊和自信心；** （3）按公民与和平共处的价值观和规范行事，了解他们的权利和责任，并履行对自己和他人的承诺； （4）承认并尊重文化、宗教和种族多样性以及人与人之间的差异，承认并尊重男女平等的权利，**培养与他人共情的能力；** （5）**以个人和团队的方式工作，努力、有毅力、有责任感并能承受挫折；** （6）根据自己的兴趣和能力进行体育锻炼； （7）养成讲卫生、爱护身体和追求健康的习惯。 ——《普通教育法》（2009 年第 20370 号）（非官方翻译）	国家基础教育课程规定了横向学习目标（transversal learning objectives，简称OAT），包括身体维度、**情感维度**、认知维度、**社会文化维度**、道德维度、精神维度、**主动性和工作**以及信息技术维度。 • 情感维度旨在通过创建个人认同、增强**自尊和自我价值感**、发展**友谊**、评估家庭和同伴群体的作用，以及反思他们的行为和生活的意义，促进学生的成长和个人发展。 • 社会文化维度将人视为民主环境中的公民，**致力于保护环境并具有社会责任感**。与此同时，**在尊重他人、**和平解决冲突以及了解和欣赏其环境的基础上，发展社会共处的能力。 • 主动性和工作维度培养学生对知识的兴趣和承诺、**努力和毅力**，以及个人独立**工作和合作的能力，培养他们对成就质量的承诺**，同时也为学生锻炼和发展自己的主动性和独创性提供了空间。 ——《课程基础》（2013）（非官方翻译）

（续表）

教育体系目标	国家课程能力框架
捷克 教育的总体目标如下： （1）人的个人发展应涵盖知识和**社交能力**、伦理和精神价值，以应对个人和公民生活、从事职业或工作活动，以及在终身学习过程中获取信息和知识的需求； （2）接受通识教育或通识及职业教育； （3）理解并遵循民主和法治国家的原则、基本人权和自由，以及**责任感和社会凝聚力**； （4）理解并遵循社会中男女平等的原则； （5）培养国家和国家公民意识，**尊重每个人的民族、种族、文化、语言和宗教特性**； （6）了解全球和欧洲的文化价值观和传统，理解和掌握欧洲一体化所产生的原则和规则，以此作为在国家和国际层面共存的基础； （7）从可持续增长、安全和保护健康的原则出发，获取和应用环境及其保护方面的知识。 ——《关于学前、基础、中等、高等专业及其他教育的法案》（2004年9月24日第561号）	基础教育旨在实现以下目标： • 引导学生就所有可能的问题进行有效和开放的沟通； • 培养学生的**合作能力、尊重自己**和他人的工作和成就； • 培养学生成为独立、自由和**负责**的人，行使自己的权利，履行自己的义务； • 培养学生在生活中遇到各种情况时，**在言行举止中表达积极情绪；培养他们对他人、环境和自然的洞察力和敏感性**； • 教育学生积极发展他们的身体、**心理和社会健康**，保护并对其负责； • 引导学生**包容和体谅他人的文化和精神价值观**，教导他们**与他人和睦相处**。 ——《初等教育框架教育项目》（2007）C部分第3节
丹麦 义务教育的目标： （1）义务教育与家长合作，旨在为学生提供知识和能力，为他们接受进一步的教育和培训做好准备，并激发他们进一步学习的欲望；使他们熟悉丹麦文化和历史；让他们了解其他国家和文化；协助他们了解人类与环境之间的相互关系；促进个体学生的**全面发展**。	OECD秘书处未确认相关信息。

115

（续表）

教育体系目标	国家课程能力框架
（2）义务教育致力于开发工作方法并创建一个框架，为学生提供体验、深入研究和发挥主观能动性的机会，以便学生**在自己的可能性和背景下培养意识、想象力和信心**，使他们能够投入并愿意采取行动。 义务教育的目的是培养学生**在自由民主社会中的参与能力、相互责任感，以及对自身权利和义务的理解**。因此，学校的日常活动必须本着知识自由、平等和民主的精神进行。 ——丹麦教育部网站 学生应能使用各种学习方法，并能在一个强调个人独立与合作的学校环境中发挥作用。该项目必须有一个整体的学习视角，强调**个人权威**的发展。因此，学生应该学会**反思，学会对周围环境（包括同伴、自然和社会）以及个人发展负责**。培训还应培养学生的创新能力和批判性思维。 教育和学校文化作为一个整体，必须培养学生在自由和民主的社会中**积极参与、共同承担责任**、享有权利和履行义务。因此，学校的教学和日常生活必须建立在知识自由、平等和民主的基础上。学生将因此获得积极参与民主社会的先决条件，并了解到个人和集体有机会从当地、欧洲和全球的角度为社会的理解、发展和变革作出贡献。 ——《高级中学法》	
爱沙尼亚 通识教育是一个包含知识、能力、经验、**价值观和行为规范**的体系，它使一个人能够成为一个不断发展的人，能够**有尊严地生活，尊重自己、家人、他人与自然**，选择和获得合适的职业，创造性地行动，成为一个负责任的公民。 ——《教育法》	国家课程设置了以下通识能力： （1）**价值能力**——能从普遍接受的道德规范角度来评价人际关系和活动；能感受和珍视与他人、自然、本国和本民族以及其他国家和民族的文化遗产和当代文化事件的关系；能珍视艺术并形成审美意识。

116

（续表）

教育体系目标	国家课程能力框架
	（2）**社会能力**——自我实现的能力，作为一个有觉悟和有良知的公民发挥作用，以及支持社会民主发展；了解并遵循社会的价值观、标准和各种环境的规则；与他人合作；接受人与人之间的差异，并在与人交往时考虑到这些差异。 （3）**自我管理能力**——了解和评估自己、自己的弱点和优点；坚持健康的生活方式；找到解决自身问题、身心健康问题以及人际关系问题的办法。 （4）**学会学习的能力**——组织学习环境和获取学习所需的信息；制订学习计划并按计划进行学习；在不同的情境中运用学习结果，包括学习能力和策略，解决问题；分析自己的知识和能力、优势和劣势，并在此基础上分析进一步学习的必要性。 （5）沟通能力——能根据交际场合和伙伴的情况，清晰与恰当地表达自己的观点；陈述并证明自己的立场；阅读并理解信息和文献；运用适当的语言工具和文体撰写出不同类型的文章；将正确使用语言和丰富的语言表达能力放在首位。 （6）数学能力——能运用数学特有的语言、符号和方法，解决各行各业和各种活动中的各种问题。 （7）**创业能力**——在各行各业运用所学知识和能力，提出创意并付诸实施；发现问题和其中蕴含的机遇；设定目标并付诸实施；组织开展联合活动，发挥主动性，并对结果负责；灵活应变，并明智地承担风险。 ——《基础教育学校国家课程》

（续表）

教育体系目标	国家课程能力框架
芬兰 本法中提到的教育目的是支持学生成长为具有**人道主义**和**伦理责任感的社会成员**，并为他们提供生活所需的知识和能力。 ——《基础教育法》（1998 年第 628 号）	跨课程主题是教育和教学工作的核心重点。其目标和内容被纳入许多科目；它们把教育和教学结合起来。通过这些主题，还可以应对时代对教育提出的挑战。 （1）**个人成长**； （2）**文化认同和国际主义**； （3）媒体能力与沟通； （4）**参与性公民意识和创业精神**； （5）**对环境、福祉和可持续未来的责任**； （6）安全与交通； （7）技术与个体。 ——《国家基础教育核心课程》（2004）
法国 保障每个学生的受教育权，使他们能够发展**人格**，提高其接受教育和培训的水平，从而适应社会和职业生活，行使公民权。 ——《教育方针法》（1989 年 7 月 10 日第 486 号）	《知识和能力的共同基础》（Common Base of Knowledge and Skills）框架确定了儿童需要发展的七种关键能力： 1. 掌握法语； 2. 使用一门现代外语； 3. 数学与科技文化的关键要素； 4. 掌握常用的信息与通信技术； 5. 人文文化； 6. **社会和公民能力**； 7. **自主性和主动性**。 社会和公民能力的关键态度包括**自尊和尊重他人。动机、自信、渴望成功和进步的愿望**是"自主性和主动性"的基本态度。 ——《知识和能力的共同基础》（2006）

117

（续表）

教育体系目标	国家课程能力框架
德国（北莱茵-威斯特法伦州） 崇敬上帝，尊重人的尊严，唤醒社区的社会行动，是实现人际关系的最高目标。青年人应在**人道主义、民主和自由的精神中接受教育，培养宽容和尊重他人的品质，**爱护动物并保护生命的自然基础，热爱人民和祖国以及国际社会，心怀和平。 学生应特别学习： （1）**独立负责的工作；** （2）独立学习和合作学习，并提供服务； （3）**表达自己的观点并尊重他人的意见；** （4）**在宗教、哲学问题以及个人决定方面，学会理解和包容他人；** （5）不带偏见地接触不同出身的人，学习和思考不同文化的价值观，促进没有歧视的和平共处； （6）了解宪法和国家宪法的基本准则，提倡民主； （7）发展自己的感知、感觉和表达能力以及音乐和艺术能力； （8）培养运动和团队运动的乐趣，健康饮食和健康生活； （9）负责任地、安全地与媒体打交道。 ——《北莱茵-威斯特法伦州学校法》第2、4、5条（非官方翻译）	OECD 秘书处未确认相关信息。
希腊 中小学教育的基本目标是促进学生智力、**心理**和身体潜能的全面、和谐、均衡发展，使他们无论性别、出身如何，都能成为人格健全、生活和谐的人。 ——《1985 年第 1566 号法》	根据描述共同跨学科课程框架的部级决定，通识教育还应： • 确保学生在身体、**心理、道德**、审美和**情感**方面和谐发展； • 促进和培养每个学生的独特兴趣和能力； • 确保学生获得各种信息；

（续表）

教育体系目标	国家课程能力框架
	• 培养学生根据个人价值观和需要来审视和解释个人选择的能力； • 培养学生在发展智力、社交和沟通能力的过程中表达思想和观点的能力，使学生能够**与他人合作，实现共同目标，并采取负责任的行动**。 ——《第 21072a/G2 号部长决议》
匈牙利 该法案的目的是建立一个公共教育系统，通过有意识地发展儿童和青少年的能力、知识、熟练程度、**情感和意志特征**以及与其年龄特征相适应的文化教育，促进他们在**心理**、身体和智力方面的和谐发展，从而培养**品德高尚、能独立生活并实现其目标、负责任的公民，同时能协调个人利益与公众利益**。其优先目标是防止社会差距扩大，并通过教育手段培养人才。 ——《国家教育法》（1993）	匈牙利国家课程中规定的关键能力包括**"社会和公民能力"**和**"主动性和创业精神"**。 社会和公民能力的核心能力包括**在不同生活领域进行有效沟通的能力、考虑和理解各种观点的能力、与同伴协商时唤起信任的能力以及表现出同理心的能力**。应对压力和挫折以及对变化的反应能力也属于这一范畴。在态度方面，**合作、自信和正直**是最重要的，对社会和经济发展、跨文化交流的兴趣和对多样性的认可也很重要。克服个人偏见和折中是这种态度的另一个相关因素。 主动性和创业精神包括计划、**组织**、领导、管理、授权、分析、沟通、经验评估，以及风险评估和承担风险、个人和团队合作等能力。 ——《匈牙利国家核心课程》

119

（续表）

教育体系目标	国家课程能力框架
冰岛 义务教育的作用是与家庭合作，促进**所有学生的全面发展**和**他们在不断发展的民主社会中的参与**。义务教育学校的运作方式应以**包容和慈善**为特征，以冰岛文化中的基督教遗产为指导，以**平等、民主合作、负责、体谅、宽恕和尊重人类价值**为特征。义务教育学校还应设法使其工作安排尽可能完全符合学生的情况和需要，并促进**每个人的全面发展**、幸福感和教育。义务教育学校应**促进学生的思想开放**，加强他们对冰岛语的掌握，加深他们对冰岛社会、历史和特点、人民生活条件以及个人对社会、环境和世界的责任的了解。在不断追求教育和成熟的过程中，学生应有机会展示自己的创造力并获得知识和能力。学校教育应为学生提供必要的基础，使他们能发挥**主动性**，**独立思考**，并提高**合作能力**。义务教育学校应促进家庭与学校之间的密切合作，以确保学校教育的成功和学生的总体福利与安全。 ——《义务教育法》（2008 年第 91 号）第 2 条	国家课程指导方针中的教育政策是基于课程指导方针依据的六大基本支柱。这些基本支柱是： • 读写 • 可持续发展 • 民主与人权 • 平等 • 健康与福利 • 创造力 每个基本支柱都源于关于学前教育、义务教育和高中教育的法案。也可参考其他法案，其中包括对学校体系教育和教学的法律规定。 基本支柱是使儿童和青年在身心上得到发展、在社会中茁壮成长、**与他人合作**的社会、文化、环境和生态素养。基本支柱还包括对未来的展望，**影响和积极参与维护社会、改变社会和发展社会的能力和意愿**。 基本支柱基于学校立法中出现的观点，即社会目标和个体教育目标都必须实现。 ——《冰岛义务教育学校国家课程指导方针》

（续表）

教育体系目标	国家课程能力框架
爱尔兰 经认可的学校须充分利用其现有资源，**促进学生的道德、精神、社会和个人发展**，并根据学校的特色精神，与学生家长协商，为学生提供健康教育。 ——《教育法》（1998）第 9（e）条 《小学课程》明确规定，其目的是培养儿童生活的各个方面——精神、道德、认知、**情感**、想象、审美、**社交**和身体。 这一教育愿景可以用三个总体目标来表述： • 使儿童能过一种完整的童年生活，并发挥其作为独特个体的潜能； • 通过与他人的生活和合作，使儿童成长为一个**社会人**，从而为社会作出贡献； • 为儿童接受进一步教育和终身学习做好准备。 ——《小学课程》（教育与科学部 1999 年发布） 《初中阶段课程框架》的八项原则： • 质量 • 创造力与创新 • **参与与参加** • 连续性与发展 • **幸福感** • 选择与灵活性 • 全纳教育 • 学会学习 ——《初中阶段课程框架》（教育与技能部 2012 年发布）	1971 年的课程是基于以下五项原则的教育哲学： • 儿童的**全面和谐发展**； • 充分考虑个体差异的重要性； • 活动和探索方法的重要性； • 课程的综合性质； • 基于环境的学习的重要性。 ——《小学课程》（教育与科学部 1999 年发布） 24 项学习陈述描述了初中阶段的核心学习内容。 学生： （5）**了解个人价值观，理解道德决策过程**； （6）**赞赏并尊重多元化的价值观、信仰和传统如何为他 / 她所生活的社区和文化作出贡献**； （7）**重视作为积极公民的意义**，在当地和更广泛的背景中享有权利和承担责任； （11）采取行动**保障和提高自己和他人的幸福感**； （22）**积极主动**，勇于创新，培养创业能力； （24）**以负责任和道德的方式**，使用技术和数字媒体工具进行学习、交流、工作、**协作**和创造性思考。 ——《初中阶段课程框架》（教育与技能部 2012 年发布）

（续表）

120

教育体系目标	国家课程能力框架
以色列 教育体系的目标之一是**发展儿童的人格**、创造力和才能，确保儿童的幸福感和过上有意义生活的能力。 ——《国家教育法》（1953）	"生活能力研究"课程项目于 1997 年首次推出。2008 年，教育部发布了小学和初中的项目修订版。高中项目的修订版于 2013 年发布，学前教育项目的修订版则于 2014 年发布。 所教授的能力围绕以下五大方面展开： • 自我认同（如：自我意识、情感识别、身体形象、自我概念等）； • 自我调节（如：应对愤怒、时间管理、决策等）； • 人际关系（如：建立友谊和伙伴关系、表现同理心、反对攻击和欺凌等）； • 休闲、职业选择和学习（如：选择如何支配休闲时间、时间规划与管理等）； • 应对压力（如：寻求帮助、采取缓解策略、识别危险情况等）。 课程设置符合文化特征（宗教信仰、阿拉伯语等）。 ——心理咨询部网站
意大利 根据宪法确立的原则，以及尊重与欣赏个体、社会和文化权利多样性的原则，作为义务教育的一部分，小学有助于塑造人的品格和公民意识。它提出发展儿童的**人格**，提高最初的文化素养。 ——《关于小学改革的法案》（1990 年 6 月 5 日第 148 号）（非官方翻译）	2012 年《国家学前、小学和初中教育课程指导方针》将欧洲议会（European Parliament）和欧盟理事会（Council of the European Union）界定的终身学习关键能力作为参考点，即母语交流、外语交流、数学能力和基本的科技能力、数字能力、学会学习、**社会和公民能力**、**主动意识和创业精神**，以及文化意识和表达能力。

（续表）

教育体系目标	国家课程能力框架
学校的目标应从学习者出发，根据其个人经历的独特性以及家庭和社会环境的关系网所提供的机会来确定。在确定和实施教育策略和教学时，必须始终考虑到每个人在不同发展和培训阶段的复杂性和独特性、他的不同认同、他的抱负、他的能力和弱点。 学生在认知、情感、人际、身体、审美、伦理、精神、宗教等各方面都处于教育的中心。从这个角度看，教师们将不得不思考和实现他们的教育和教学项目，不是为抽象的个体，而是为那些生活在此时此地的人，那些提出具体生活问题的人，那些寻求意义视野的人。 ——《国家学前、小学和初中教育课程指导方针》（非官方翻译）	——《国家学前、小学和初中教育课程指导方针》（非官方翻译）
日本 （教育目的） 第一条：教育应以**充分发展人格**为目标，努力培养具有建设和平与民主的国家和社会所需的身心健全的公民。 （教育目标） 第二条：为实现上述目标，教育应在尊重学业自由的前提下，实现下列目标： （1）培养学生具备广博的知识和文化素养、求真务实的态度、丰富的情感和道德感，以及健康的体魄；	2008 年修订的课程标准聚焦"对生活的热情"，强调以下三方面的均衡组合。 • 扎实的学业能力：掌握基础知识和基本能力；培养自省能力、学习和思考的欲望、独立决策和行动的能力，以及解决问题的才能和能力； • **丰富的人文素养：在培养自律的同时兼顾对他人的体谅和感悟，在和谐中体现合作精神；** • 健康和体力：健康与健身，让生活充满活力。

121

（续表）

教育体系目标	国家课程能力框架
（2）在尊重个体价值的同时发展个人能力，培养他们的创造力、**自主性和独立精神**、重视劳动的态度，同时强调劳动与职业和实际生活的联系； （3）**培养重视公正、责任、男女平等、相互尊重与合作的态度，并本着公共精神积极促进社会的建设和发展；** （4）培养尊重生命、爱护自然、保护环境的态度； （5）培养尊重传统和文化、热爱孕育这些传统和文化的国家和地区，同时尊重其他国家并渴望为世界和平与国际社会的发展作出贡献的态度。 ——《教育基本法》（2006 年修订版）（文部科学省提供的非官方翻译）	——《中小学学习指导要领修订版》（文部科学省 2008 年发布）
韩国 韩国的教育旨在帮助每个公民建立基于人道主义的**品格**，通过培养自主生活能力和作为民主公民所需的资质来过上人道生活，并为民主国家的发展作出贡献，实现人类的公共理想。 基于这一教育目的，本课程追求的是受教育者的愿景如下： （1）在**全面发展**的基础上引领个性和事业发展； （2）在基本能力的基础上，以新的思维和挑战展现创造力； （3）在了解文化知识和多元价值观的基础上过上有尊严的生活； （4）作为与世界交流的公民，**以关心和分享的精神参与社区发展。** ——《中小学课程设计框架》（2009）	韩国的教育旨在帮助每一位公民培养必要的**品格**和能力，使其成为人道主义理想下的独立公民，为国家和全人类的福祉承担责任。 本课程旨在培养一个受过良好教育的人： （1）**在全面发展的人格（personality）基础上发展自己的个性**（individuality）； （2）能够培养创造力，以及寻求和应用知识和能力； （3）探索以广泛的知识和理解为基础的职业道路； （4）创造基于韩国文化遗产的新价值观； （5）致力于作为一个公民改善社区。 ——《大韩民国学校课程》（2008）

（续表）

教育体系目标	国家课程能力框架
卢森堡 学校教育旨在促进儿童的发展、创造力和**对自身能力的自信心**。它使儿童能够获得通识知识，为职业生活和在民主社会中履行公民责任做好准备。它传授基于《世界人权宣言》的道德价值观，引导人们尊重男女平等。它是终身教育的基础。 ——《义务教育法》（2009 年 2 月 6 日）	可迁移能力是在基础教育的各个发展和学习领域培养起来的： （1）**心理方法**（如：获取信息、处理信息、记忆信息、使用信息、生成新信息、交流信息）； （2）**学习方法**（如：学会学习、自觉自主学习、管理自己的学习、学习与幸福感相结合）； （3）**关系态度**（如：了解他人并接受差异，调整自己的行为，践行民主价值观）； （4）**情感态度**（如：激励自己，认识和获得自信，在学生生活中认清自己）。 ——《基础教育课程计划》（2011）（非官方翻译）
墨西哥 基础教育的总体目标是确保所有儿童和青年获得基本知识，培养**必要的生活能力、价值观和行为，以实现充实的个人生活**，追求**负责任和有奉献精神的公民意识**，从事富有成效的工作，以及终身学习的能力。 ——《普通教育法》	《基础教育课程计划》（Syllabus of Basic Education）规定了三级基础教育应培养的一系列生活能力： • 终身学习的能力； • 管理信息的能力； • **处理各种情况的能力；** • **共处的能力；** • 社会生活的能力。 培养处理各种情况的能力需要：面对风险和不确定性，制订计划并顺利完成程序；管理时间，推动和应对发生的变化；作出决定并承担后果；应对失败、挫折和幻灭；自主设计和开发生活项目。 培养共处的能力需要：同理心、与他人和自然和谐相处；有主见；与他人合作；与他人达成协议并进行谈判；与他人共同成长；认识并重视社会、文化和语言的多样性。 ——《基础教育课程计划》（2011）

122

（续表）

教育体系目标	国家课程能力框架
荷兰 教育： （1）是学生在多元化社会中成长的一种； （2）部分旨在促进**积极的公民意识和社会包容**； （3）还旨在确保学生了解和体验同龄人不同的文化和背景。 –Primary Education Act, 1981 第十七条　多元化社会中的教育；公民身份；社会包容 教育： （1）假定学生在多元化社会中成长； （2）部分旨在促进积极的公民身份和社会融合； （3）还旨在确保学生了解和熟悉同龄人的不同背景和文化。 ——《中等教育法》（1963）	《荷兰资格框架》（Dutch Qualification Framework, 简称 NLQF）规定了每个教育阶段结束时学生应达到的**责任和自治**标准。这些标准随着受教育水平的提高而提高。例如，完成普通中等教育的学生的标准如下： • 与同事、上司和客户合作； • 对自己的活动、工作和学习结果负责； • 对他人的工作结果承担共同责任。 ——《荷兰资格框架》
新西兰 （1）通过使所有学生都能充分发挥其个人潜能、培养**成为新西兰社会正式成员所需的价值观**的项目，达到最高的成就标准； （2）通过确定和消除取得成就的障碍，为所有新西兰人提供平等的受教育机会； （3）培养新西兰人在不断变化的现代世界中成功竞争所需的知识、理解和能力。 （4）通过包括支持父母作为孩子第一任老师发挥重要作用在内的项目，在幼儿期为今后的学习和成就打下坚实的基础；	

123

（续表）

教育体系目标	国家课程能力框架
（5）通过涵盖基本学习领域的均衡课程提供广泛的教育。应优先发展读写和计算、科学和技术以及体育活动方面的高水平能力（知识和能力）； （6）通过制订清晰的学习目标，根据这些目标监测学生的表现以及推行切合个人需要的课程来实现卓越； （7）确保识别有特殊需要的学生，并为他们提供适当的支持，使他们在学习中取得成功； （8）为学生提供进入国家和国际认可的资格体系的机会，以鼓励新西兰学生高水平地参与中学后教育； （9）根据《怀唐伊条约》（Treaty of Waitangi）的原则，推动毛利人教育倡议，包括毛利语言的教育，提高毛利人在教育中的参与和成功； （10）**尊重新西兰人民多样化的民族和文化遗产**，承认毛利人的独特地位，以及新西兰在太平洋和作为国际社会一员所发挥的作用。 ——《国家教育目标》（2004）	新西兰的课程确定了五项关键能力： • 思考； • 使用语言、符号和文本； • **自我管理**； • **与他人相处**； • **参与与贡献**。 ——新西兰在线课程
挪威 教育和培训应使学生了解文化多样性，尊重个人的信仰，还应促进民主、平等和科学思维。学生应培养知识、能力和**态度**，以便他们能掌握自己的生活，并参与工作生活和社会。他们应有机会去创造、**奉献**和探究。学生还应学会批判性地思考，**合乎道德地行动**，并具有环保意识。 ——《教育法》第1章	挪威教育法案中的主要表述按以下主题分类：**道德观**、创造力、**工作**、通识教育、**合作**和自然环境。 ——《挪威初等、中等及成人教育核心课程》

（续表）

教育体系目标	国家课程能力框架
波兰 基础教育的目标是为儿童的"智力、伦理、**情感、社会和身体知识**"奠定基础。这一时期要教授的最重要能力包括团队合作能力、发现自己兴趣的能力等。同样，中等和高等教育的目标之一就是进一步发展这些非认知能力。 ——《核心课程条例》（《政府公报》2009年1月15日第4号第7条）	《波兰资格框架》（Polish Qualification Framework）规定了基础教育和高等教育各个阶段在认知和社会能力方面需要获得的资格。基础教育应培养的能力包括：**了解社会角色、团队合作、履行与个人社会地位相关的责任、合作和沟通能力**。更高水平的教育旨在培养学生：**独立工作、合乎道德地思考、负责任地行动**等等。
葡萄牙 第二部分　小学教育课程组织 第十五条　学生的**个人和社会性发展**，学校应在自主范围内开展有助于学生**个人和社会性发展**的项目和活动，包括公民教育、健康教育、金融教育、媒体教育、道路安全教育、消费教育、创业教育和宗教道德教育，频率可自行选择。 第四部分　中小学课程管理 第二十一条　促进学业成功 （5）采取行动，支持学生的成长与**个人和社会性发展**，包括促进健康和预防风险行为。 ——《2012年第139号法令》（非官方翻译）	第二部分　小学教育课程组织 第十五条　学生的**个人和社会性发展**，学校应在自主范围内开展有助于学生**个人和社会性发展**的项目和活动，包括公民教育、健康教育、金融教育、媒体教育、道路安全教育、消费教育、创业教育和宗教道德教育，频率可自行选择。 第四部分　中小学课程管理 第二十一条　促进学业成功 （5）采取行动，支持学生的成长与**个人和社会性发展**，包括促进健康和预防风险行为。 ——《2012年第139号法令》（非官方翻译）
斯洛伐克 根据2008年新《教育法》第四条，教育的目的是使学生能： • 掌握各种能力，尤其是沟通能力，口头和书面表达能力，能够用本国语言、母语和外语使用信息与通信技术的能力，数学素养和科技领域的能力，终身学习能力，**社交和公民能力，创业和文化能力**； • 学习和使用至少两门外语；	初等教育通过以下目标，为学生（小学生）逐步培养关键能力奠定了初步基础，为通识教育奠定了基础： • 为学生（小学生）提供大量机会，让他们近距离观察周围的文化和自然环境，以培养他们的想象力、创造力和探索周围环境的兴趣； • 使学生（小学生）能探索自身的能力及其发展机会，并获得学会学习和认识自己的基本能力；

124

（续表）

教育体系目标	国家课程能力框架
• 学习如何识别和分析问题，提出解决方案，并掌握解决问题的方法； • 培养动手能力、创造力和艺术心理运动能力； • 加强**对父母和他人的尊重**，对国家的文化、民族价值观、传统和母语的尊重； • 加强对人权和基本自由以及《保护人权和基本自由公约》(Convention for the Protection of Human Rights and Fundamental Freedoms) 各项原则的尊重； • **本着理解和包容、男女平等、各国友好、民族和种族及宗教包容的精神，为在自由社会中过负责任的生活做好准备；** • **学习如何发展和培养自己的人格和终身学习能力，如何在团队中工作并承担责任；** • **学会控制和规范自己的行为，照顾和保护自己的健康和环境，尊重普遍的人类伦理价值观。** ——《教育法》(2008 年第 245 号)	• 支持学生（小学生）的认知过程和能力，以便通过掌握自己的认知能力和积极解决问题，以批判性和创造性的方式进行思考； • **在自我管理和自我反思的基础上，均衡发展学生（小学生）的沟通和自我理解能力、评估（选择和决定）能力和积极主动的行动能力；** • **促进个人内在能力和人际交往能力的发展，特别是公开参与社会关系，有效合作，培养他们对同学、老师、家长、周围人及自身文化和自然环境的社会反应能力和敏感性；** • **引导学生（小学生）包容和接受他人的精神和文化价值观；** • **教育学生（小学生）在行使自己权利的同时，履行自己的义务，对自己的健康负责，保护并增强自己的体质。** ——《初等教育国家课程》(非官方翻译)
斯洛文尼亚 基础教育的主要目标之一是： • 尊重发展机制，促进个体在身体、认知、**情感**、**道德**、**精神**和社会方面的和谐发展 ——《基础教育学校法》 斯洛文尼亚共和国的教育目标包括：	与"教育和社会进步"有关的国家教育目标在课程中有具体规定，特别是在三个主要科目中：社会，爱国、公民文化与伦理（包括跨课程教学指导方针和对教师的教学建议），以及选修科目伦理学和宗教伦理学。

125

（续表）

教育体系目标	国家课程能力框架
• 开展**相互包容**的教育，提高性别平等意识，**尊重人类多样性和相互合作**，尊重儿童权利、人权和基本自由，促进男女机会平等，从而培养在民主社会中生活的能力； • 提高**个体诚信**意识； • 提高**公民意识**和国家身份认同，扩大对斯洛文尼亚历史和文化的了解； • 开展可持续发展和积极参与民主社会的教育，包括**对自己、自己的健康、他人、自己和他人的文化、自然和社会环境以及对后代的深入了解和负责的态度**。 ——《教育组织和筹资法》	"教育和社会进步"的相关目标也通过《学校基本法》（School Basic Act）规定的义务学校教育（积极行为的意义）计划来实现，其目的是通过不同类型的活动，包括课堂常规课程来支持这些能力的发展。最后，这些目标也是学校社会工作服务的重要使命。 ——《斯洛文尼亚官员对小学必修课程的问卷答复》
西班牙 认知能力固然必要，但还不够。必须从小就掌握可迁移的能力，如批判性思维、**多样性管理**、创造力和沟通能力，以及关键的**个体自信、热情、持之以恒和接受变化的态度**。 ——《教育质量改善组织法》	在基础教育和中等教育课程中确定并引入了一些核心能力。这些能力包括： • 沟通能力； • 数学能力； • 知识和与现实世界的互动； • 数据处理和数字能力； • **社会和公民能力**； • 文化和艺术能力； • 学会学习； • **自主性和个人主动性**。 ——教育、文化与体育部网站
瑞典 学校体系内的教育旨在使儿童和青年获得并发展知识和价值观。学校应促进所有儿童和学生的发展和学习，并培养他们终身学习的愿望。教育还旨在与儿童和学生的家庭合作，**促进他们在成为积极、有创造力、有能力和负责任的个体和公民方面的均衡发展**。 ——《学校法》第 1 章	学校的目标是让每个学生： • 能根据人权知识和基本民主价值观以及个人经验，自觉地确定和表达伦理立场； • **尊重他人的内在价值**； • 反对压迫和有辱人格的待遇，并帮助他人；

（续表）

教育体系目标	国家课程能力框架
	• 能同情和理解他人的处境，并将他们的最大利益放在心上； • 既要尊重和关心眼前的环境，又要尊重和关心更广阔的环境。 ——《义务教育学校、学前班和娱乐中心的课程设置》（2011）
瑞士（苏黎世州） 教育体系根据个体的倾向、天资和兴趣为其提供知识。它促进**成熟、包容和负责任的人格**的发展，并为职业以及在社会和民主中共同生活奠定了基础。 ——《教育法》（2002）（非官方翻译） 小学提供基本的知识和能力，引导学生认识各种联系。它促进**尊重人类同胞**和环境，并谋求儿童全面发展成为**独立和具有社会能力**的人。学校努力唤醒并保持学习和其他行为表现中的快乐。特别是，它提倡**责任感、承诺**、判断、判断力和批判能力，以及**对话的开放性**。教学考虑到了儿童的个人天赋和爱好，为终身学习奠定了基础。 ——《义务教育法》（2005）（非官方翻译）	OECD 秘书处未确认相关信息。
土耳其 国家教育制度的总体目标是培养所有土耳其公民： • 成为致力于阿塔图尔克原则、宪法中明确定义的革命和阿塔图尔克民族主义的个体；保护和发展那些热爱和不断努力养育自己的家庭，并意识到自己对土耳其共和国——一个以人权和宪法规定的基本原则为基础的民主、世俗和社会法治国家——责任和义务的人的民族、人类、道德和文化价值观。	学前、小学及中学课程的目标是让学生具备以下能力： • 正确有效地使用土耳其语； • 批判性思维； • 创造性思维； • 分析性思维； • 决策； • 创业精神； • 感知变化和连续性； • 情绪管理； • 沟通和换位思考；

126

（续表）

教育体系目标	国家课程能力框架
• 成为一个有**平衡的、健康的人格和品格，**在身体、心灵、精神、**情感**方面都得到了发展，有自由、科学的思维能力和广阔的世界观；有人权，重视人格和进取心，对社会负责，具有建设性、创造性和生产性的人。 • 根据其兴趣和能力，通过帮助他们获得所需的知识、能力、**行为和合作的工作习惯，**为他们的生活做好准备，并确保他们拥有一份能使他们快乐并能为社会福祉作出贡献的职业。 ——《国家教育基本法》(1973)	• 解决问题； • 做研究； • 使用信息技术； • 社会包容和公民意识； • 民主意识。 ——《土耳其官员对国家课程的问卷答复》
英国（英格兰） 与课程有关的一般要求： 1. 公立学校或公立托儿所的课程如果是一种均衡的、基础广泛的课程，则符合本部分的规定 （1）促进学生在学校和社会的**精神、道德、文化、心理**和身体的发展； （2）帮助学生在学校为将来的机会、责任和经历做好准备。 ——《教育法》(2002)	OECD 秘书处未确认相关信息。
美国（加利福尼亚州） 每个儿童都是一个独特的人，有独特的需求，本州教育体系旨在使每个儿童都能发挥**自己的全部潜能。** ——《2002—2007 年战略计划》	OECD 秘书处未确认相关信息。

（续表）

教育体系目标	国家课程能力框架
巴西 义务基础教育持续九年，公立学校免费，从 6 岁开始。其目的是通过以下方式对公民进行基础教育： （1）培养学习能力，以全面掌握读、写、算为基本手段； （2）了解社会赖以生存的自然和社会环境、政治制度、经济、技术、艺术、文化和价值观； （3）培养学习能力，以掌握知识和能力，**树立正确的态度和价值观**； （4）加强建立在社会生活基础上的家庭纽带、人类团结和相互尊重。 ——《国家教育指导方针与基础法》（1996年第9.394号）第32条（教育部提供的非官方翻译）	根据这些原则以及 1996 年第 9.394 号法（LDB①）第 22 条和第 32 条，基础教育课程方案旨在培养学习者，确保对公民进行必要的共同教育，并通过这一阶段的教育目标提供在工作和后来的学习中取得进展的手段，即： （1）培养学习能力，以全面掌握读、写、算为基本手段； （2）了解社会基于的自然和社会环境、政治制度、技术、艺术和价值观；了解社会赖以生存的自然和社会环境、政治制度、经济、技术、艺术、文化和价值观； （3）掌握知识和能力，**树立正确的态度和价值观**，以此作为批判性地看待世界的工具； （4）加强建立在社会生活基础上的家庭纽带、人类团结和相互尊重。 ——《九年制初等教育阶段国家课程指导方针》（2010 年 12 月 14 日第 7 号决议）第 7 条（教育部提供的非官方翻译）
俄罗斯联邦 俄罗斯联邦的教育使命是发挥每个俄罗斯公民的积极、**社会**、文化和经济潜力，促进俄罗斯联邦的社会经济发展。 ——《联邦初等教育标准》（2010）	各教育阶段的联邦教育标准包括与人格和社会发展相关的几项能力。这些能力是： （1）爱国主义教育：公民意识与民族认同，人类、民主与传统价值观，俄语、历史和文化知识； （2）**自我发展与自我教育、学习与职业选择的综合方法、自立与自强**；

---

① 指《国家教育指导方针与基础法》（Lei de Diretrizes e Bases da Educação Nacional）。——译者注

（续表）

教育体系目标	国家课程能力框架
	（3）形成与现代科学和社会实践水平相适应的思维方式，并考虑种族、文化、语言、社会和宗教的多样性；
	（4）**交流能力，包括尊重他人，乐于在各领域与他人合作友好，友善；**
	（5）**道德发展，包括道德行为和对自己的行为负责；**
	（6）健康和安全行为的价值观；
	（7）审美教育；
	（8）家庭价值观。
	——《联邦国家普通教育标准》

第六章

如何培养社会与情感能力

　　政策制定者、教师和家长可以在提高儿童的社会与情感能力方面发挥重要作用。社会与情感能力和认知能力，是影响个体幸福感和社会进步的关键要素。社会与情感能力可以在一种文化和语言范畴内进行可靠的测量。政策制定者可以利用这些信息来增进对能力差距的理解，更好地制定解决这些问题的政策，而教师和家长可以利用这些信息来扩大儿童能力需求的概念，并创造积极的学习环境。社会与情感能力可以得到提高和调动，以改善儿童和社会的生活机会。本报告确定了重要的能力类型，以及旨在培养这些能力的现行政策、实践和干预项目。本章评估了"有效方法"和"实际情况"之间的差距，以便制定更好的策略，提高这些对儿童终身成功、个体幸福感和社会进步至关重要的能力。

130 ## 政策信息

综合本报告提出的相关信息，可以看出一些政策影响。

其一，儿童需要一套平衡良好的认知能力和社会与情感能力，才能取得终身成功，并为社会进步作出贡献。

在人类历史上，在不同的地理和文化区域，一套广泛的认知能力、社会与情感能力始终至关重要。这份报告表明，我们这一代儿童也不例外。他们需要一套全面的认知能力、社会与情感能力，以更好地应对 21 世纪的社会经济挑战。不同类型的能力对不同的结果尤为重要。认知能力对改善教育和劳动力市场的结果尤为重要。社会与情感能力在促进更健康的生活方式、积极的公民意识、提高生活满意度和更安全的社会中发挥着关键作用。然而，认知能力、社会与情感能力并不一定是孤立地在积极的行为和结果中起作用，这些能力相互作用、相互促进，并进一步为个人和社会进步作出贡献。

其二，儿童实现目标、与他人有效合作和管理情绪的能力有助于改善他们的终身结果，毅力、乐群和自尊等社会与情感能力具有关键作用。

OECD 的实证研究以及对干预研究的综述都表明，社会与情感能力推动了儿童的终身发展。这些能力可以有效地应用于不同的生活环境：实现目标、与他人合作和管理压力环境。有证据表明，毅力、乐群、自尊等社会与情感能力的培养对儿童和社会都大有裨益。然而，重要的是要从细微的角度看待能力需求，因为并非所有的社会与情感能力都会带来积极的社会经济结果。例如，在挪威，有证据表明，社会与情感能力（如外向性）水平的提高会降低自我报告的抑郁率，但同时自我报告的肥胖率也上升了。

其三，社会与情感能力可以通过改善学习环境和调动干预项目得到提高。

社会与情感能力是一种可以学习的能力，它使个人能够成功地、持续地完成一项活动或任务，而且可以通过学习得到巩固和扩展。一些 OECD 国家提供的证据表明，通过政策改革、教师创新和家长的努力，有机会提高儿童的能力。许多成功的干预项目有共同的特点：（1）通过家长、教师、指导者和儿童之间温暖和支持性的关系，强调依恋关系并进行辅导；（2）确保家庭、学校、工作场所和社区的学习环境质量保持一致；（3）为儿童和教师提供基于有序的、积极的、集中的和明确的学习实践的能力培训；（4）在儿童早期和青少年期之间引入项目，并对以前的投资进行跟进和补充。

干预可能对处境不利群体特别有帮助，因为他们通常无法获得激励性的家庭学习环境，而且往往面临更大的压力，这两种情况都会阻碍能力的发展。由于社会与情感能力的学习是在正规教育内外的不同环境中进行的，因此利益相关者单独行动不如共同努力那样有效。学校需要与家庭和当地社区联合起来，改善能力的形成和发展。

其四，有证据表明"由能力产生能力"，对社会与情感能力的早期投资是改善处境不利群体生活前景和减少社会经济不平等的关键。

儿童将在他们生命早期发展的基础能力上逐渐发展更多的能力。"由能力产生能力"：儿童当前的能力水平决定了他们将来获得更多能力的程度。部分原因是，那些能力水平更高的儿童将从新的学习投资和环境中获益更多。因此，早期投资会带来最大的回报，确保更高水平的能力和积极的成人结果。有证据表明，虽然儿童生命早期是发展认知能力的敏感期，但发展社会与情感能力的窗口期则持续到儿童晚期和青少年期。减少教育、劳动力市场和社会结果方面的不平等的一个有效方法是，尽早并在整个学年在最处境不利群体的社会与情感能力方面进行足够的投资。

其五，对社会与情感能力的定期测评可以提供有价值的信息，以改善学习环境，并确保它们有利于能力的发展。

至少在一种文化和语言范畴内，社会与情感能力可以被有意义地测量。一些现有的测量已经证明可以预测儿童的各种生活结果。如果定期收集有关社会与情感能力的适当测量数据，可以为政策制定者、教师和家长提供有关社会与情感能力不足和发展趋势的宝贵信息。对这些能力的良好测量以及有

131

关学习环境的信息，将有助于识别与儿童社会与情感发展相关的学习环境和投入。这些信息对于需要确定教育政策优先事项的政策制定者、需要改革课程和课外活动的学校以及需要调整家庭学习环境和养育方式的家长都是非常有价值的。测量社会与情感能力还有助于提高人们对这些能力在促进儿童终身成功和社会进步方面的重要性的认识。

其六，虽然 OECD 国家和伙伴经济体的政策制定者都承认社会与情感能力的重要性，但在帮助学校和家庭发展这项能力的政策和项目的水平上存在差异。

OECD 国家的大多数教育体系承认有必要培养学生的社会与情感能力，如自主性、责任感和与他人合作的能力。有一些地方性的和实验性的倡议为发展社会与情感能力提供了有用的教学实践和材料。然而，在帮助学校和家庭发展这些能力方面，现有的政策和项目在数量上存在差异。此外，在体系层面上，很少有专门为提高社会与情感能力而设计的政策和项目。广泛提供有关地方倡议的信息，并在体系层面对成功实践进行试验，以确定稳健的方法，并批判性地审查试验项目的优势和局限性，这可能是有用的。这将有助于各国更好地了解提高社会与情感能力的"有效方法"在什么条件下有效，对谁有效。

其七，许多 OECD 国家和伙伴经济体为学校测评学生的社会与情感能力提供了指导，学校也通常在学校成绩单中报告这项能力，但教师和家长获得有关如何提高这项能力的详细指导的机会有限。

学校成绩单是 OECD 国家和伙伴经济体学校测量和报告学生社会与情感能力的最常见方法之一。许多国家为学校测评此类能力提供了指导。通过这种方式，家长有机会了解儿童社会与情感发展的情况。然而，在如何帮助学生发展社会与情感能力方面，没有多少教育体系为学校和教师提供了详细指导。虽然这为学校和教师自行设计课程提供了灵活性，但这可能无法帮助那些不确定如何最好地培养社会与情感能力的教师。

表 6.1 本报告的主要结论

	我们知道什么	我们不知道什么
社会与情感能力	• 它们对社会结果和主观幸福感的影响很大。 • 其影响部分可以通过它们直接塑造个体行为和生活方式来解释，进而影响社会经济结果。它们的影响还在于让人们从教育中获益更多。 • 认知能力、社会与情感能力相互促进。社会与情感能力水平较高的人在提升认知能力方面显示出较高的健康回报。社会与情感能力水平越高的人，认知能力发展越快。 • 终身结果最重要的驱动因素包括提高儿童实现目标（如毅力）、与他人合作（如乐群）和管理情绪（如自尊）的能力。 • 它们在儿童期和青少年期具有可塑性。 • 在一种文化和语言范畴内，可以使用经过验证的测量工具。有一些方法可以帮助减少因回答方式和跨文化差异产生的偏差。这些方法需要在 PISA 所做努力的基础上进一步加强。OECD 的"教育和社会进步"项目将再进一步探讨这个问题。 • 社会与情感能力也会对社会经济结果产生消极影响。这些能力中的一些（如外向性）对一种结果（如降低抑郁率）产生积极影响，但对挪威的另一种结果（如降低肥胖率）具有消极影响。	• 关于学习环境、能力和结果之间因果关系的证据很少。 • 只有少数研究测评了这些能力对社会经济结果的长期影响（至少 10 年）。 • 目前还没有能可靠地测量跨文化和跨语言的社会与情感能力水平和发展的工具。 • 为什么一些社会与情感能力对一种结果有积极影响，而对另一种结果有消极影响，目前的证据还很有限。
认知能力	• 它们对教育和劳动力市场结果的影响很大。 • 它们具有可塑性。与社会与情感能力相比，它们的敏感期似乎相对较早。 • 有几种经过验证的国际性和跨文化的测量工具，包括 PISA 使用的测量工具。	• 目前还没有经过验证的国际性和跨文化的工具来测评认知能力的增长。

（续表）

	我们知道什么	我们不知道什么
学习环境	• 家庭、学校和社区对社会与情感能力的发展至关重要。 • 父母的参与和依恋对儿童早期的社会与情感发展有相当大的影响。这些都是成功干预中最常出现的重要特征。 • 学校可以通过加强教师/辅导者与学生之间的互动，在课程和课外活动中使用现实生活中的例子来培养学生的社会与情感能力。 • 家庭、学校和社区学习环境可以相互促进。 • 不同的学习环境在个体生活的不同阶段起着不同的重要作用。 • 个体当前的能力水平决定了个体可以从新的学习投资中获益的程度。	• 只有少数几项研究（包括评估干预项目有效性的研究）能提供关于学习环境和实践对能力影响的因果关系的主张。 • 关于推动社会与情感发展的社区学习环境的证据有限。 • 很少有研究测评学习环境和干预对社会与情感发展的长期影响（至少10年）。

"有效方法"和"实际情况"之间的差距

在如何最好地提高儿童的社会与情感能力方面，不同的教育利益相关者在知识、期望和能力方面存在差距。这些差距造成了效率低下：延误了对能力的投资；造成了不同教育阶段投资的不连续性；造成了学习环境质量的不平等。缩小这些差距至关重要，因此需要广泛的教育利益相关者参与进来，才能有效地实施能力发展项目。

虽然学界已经开始为哪些社会与情感能力重要以及如何发展这些能力提供信息，但这些知识似乎并未在政策制定者和实践者群体中得到广泛共享。虽然个别教师的经验和家长的专业知识为确定如何提高儿童的社会与情感能力提供了重要指导，但基于大规模纵向研究和干预项目的客观证据也能提供有用的见解。反过来，学界也可以从实践者群体那里了解到研究者尚未考虑到的社会与情感能力类型以及学习环境。研究者只能揭示那些可以测量的能力，以及已知的具有某种潜在重要性的能力。因此，两个群体之间如果能进行交流，这将有助于缩小教育实践和研究之间的差距。

尽管有证据表明，确保学校、家庭和社区学习环境的一致性非常重要，但在政策或实践中，跨越这些边界的信息交流似乎很有限。尽管学校与家长之间经常有定期的信息交流，但这些信息交流可能更关注儿童的学业能力。关于儿童社会与情感能力的信息交流较少。此外，在不同层次的学校体系之间传递的信息也很有限。在学校体系中的升学（如从幼儿园到小学，从小学到中学）中，儿童的认知能力、社会与情感能力的交流程度尚不清楚。正如本报告所强调的，"由能力产生能力"，因此学校必须分享儿童能力的详细情况及其在学校体系中的发展轨迹。

证据和现行实践之间的差距正在缩小的一个领域是早期投资。目前，许多OECD国家正在认真考虑儿童早期教育和保育问题，并开始对其教育体系进行调整（OECD，2012）。这些努力的关键在于确保培养多种能力，包括社会与情感能力，从而最大限度地提高儿童的结果和生活机会，并进一步支持社会进步。

研究界和实践者群体之间存在差距的原因之一是，教师和学校管理者认为，在社会与情感能力方面的投资将涉及大量额外的努力和资源。正如第四章和第五章所述，一些国家的经验表明，情况并非如此。在不断努力提高认知能力的同时，社会与情感能力也会提高。促进儿童的社会与情感发展可以通过适当调整当前的教与学实践来实现。最有效的能力培训项目是将学习实践与有序的培训、积极的学习形式、集中时间和注意力于能力发展任务以及明确的学习目标（SAFE原则）结合起来的项目。在课堂教学中，可以而且应该采用综合方法来培养学生的能力。

前进的道路

本章最后向希望改进儿童社会与情感能力的形成和发展的政策、实践和研究的利益相关者提出建议。

对于政策制定者：

• 反思教育体系的关键目标，以测评现行政策和实践是否有利于实现提高儿童综合能力（包括社会与情感能力）的目标，或者是否需要新的政策组合来加强这些能力。

• 采取具体措施，采用培养更广泛的能力（包括社会与情感能力）的实践，为其提供足够的支持，以确保社会更高效、更包容、更绿色和更具凝聚力。

• 促进全体系支持并将社会与情感学习纳入课程。这将有助于鼓励那些相信社会与情感发展的重要性，但又面临着培养学生在数学和语言等核心课程上取得好成绩的压力的教师。

• 考虑测量从儿童早期到成年期的认知能力、社会与情感能力，以积累更多证据，为政策和实践提供信息。

对于学校管理者：

• 测评学校体系在提高和测量社会与情感能力方面的投资是否足够。

• 测评用于提高社会与情感能力的测量标准和方法是否适当。

• 鼓励家长和更广泛的社区参与，确保他们对学校培养社会与情感能力的努力起到补充作用。

• 促进全体系认可将社会与情感学习纳入课程。这将有助于鼓励那些相信社会与情感发展的重要性，但又面临着培养学生在数学和语言等核心课程上取得好成绩的压力的教师。

对于研究者：

• 确定影响儿童未来发展的学习环境以及社会与情感能力。这里的目标不仅是确定（已知有效的）学习环境发挥作用的条件，还要确定鲜为人知的潜在重要学习环境和能力。重要的是制定一个综合框架，以更好地了解可能重要的多种干预项目、学习环境和政策杠杆。定性研究可以在这方面有所帮助。

• 识别与儿童早期和青少年早期儿童相关的社会与情感能力，这些能力可以可靠地测量，并且具有跨文化和跨语言的稳健性。

• 更好地阐明解释学习环境、能力和结果之间关系的因果路径。尤其重要的是，要确定不同的学习环境如何共同推动能力的发展。同样重要的是，要确定认知能力、社会与情感等不同能力如何共同推动教育、劳动力市场和社会结果取得积极结果。

- 扩大来自干预研究的证据，包括证据相对丰富的美国以外的干预研究。
对于 OECD：
- 继续综合有关社会与情感能力的政策、实践及研究信息。这可以通过与各国和 OECD 组织的其他活动（如阐明儿童早期教育和保育以及教师的活动）合作，来确定培养这些能力的养育和教学方法。
- 继续对 OECD 国家和伙伴经济体的纵向数据进行实证研究，以改进证据基础。
- 继续向利益相关者广泛传播研究结果。
- 在 PISA 先前投资的基础上，继续努力开发和验证跨文化和语言范畴的社会与情感能力的测量。
- 制定策略，开展关于社会与情感能力动态的国际纵向数据收集工作。

关于最后一点，OECD 目前正在准备一项关于城市能力发展的国际纵向研究。这是由于目前缺乏长期跟踪儿童的、具有国际可比性的纵向能力数据。第三章和第四章所示的实证分析必须依赖现有的纵向研究，这些研究包含的能力测量有限，在各国之间不具有可比性。OECD 收集新数据的目的是跟踪两个儿童群体（一年级和七年级，分别约为 6 岁和 12 岁）的生活，收集有关一系列社会与情感能力指标、学习环境和社会经济结果的数据。短期内，这些微观数据将被用于测评社会与情感能力的分布情况，并确定与其发展有关的学习环境。从中期来看，这些数据将被用于测评儿童在教育体系升学过程中社会与情感能力的形成情况。从长远来看，这些数据将被用于阐明相关政策的投入，可以帮助改善社会与情感能力，同时识别推动个体终身成功的能力，如参与高等教育，从学校到工作的顺利过渡，遵循健康的生活方式和积极的公民意识。专栏 6.1 概述了拟议研究的主要特点。

专栏 6.1　OECD 关于城市能力发展的国际纵向研究

- 目标　　　　　确定社会与情感能力的形成过程及其社会经济结果。
- 调查对象　　　学生、教师和家长。
- 目标群体　　　一年级和七年级的儿童（分别约为 6 岁和 12 岁）。
- 地理范围　　　主要城市、州或省（可选择覆盖全国）。
- 抽样方法　　　随机选择学校。对学校里的一年级和七年级学生进行全面抽样。
- 持续时间　　　至少三年。理想情况下，直到成年早期。
- 能力测量　　　关注社会与情感能力的不同测量。
- 环境测量　　　学校、家庭和社区学习环境。
- 结果测量　　　教育、劳动力市场、健康、欺凌、公民参与、主观幸福感等。

结　论

136

在当今的社会经济环境下，提高儿童社会与情感能力的重要性愈发紧迫。为帮助个体应对现代世界的挑战，政策制定者需要从更广阔的角度思考问题，考虑各种能力，其中社会与情感能力和认知能力同等重要。现有证据表明，学习是在正规教育结构内外的不同环境中进行的，需要不同类型的学习来培养不同的能力。政策制定者、研究者、学校管理者、教师和家长要共同合作，分享在提高社会与情感能力方面的经验。尽一切努力更好地投资于儿童的能力发展，让儿童过上更加富裕、健康和令人满意的生活。

参 考 文 献

OECD (2012), *Starting Strong III: A Quality Toolbox for Early Childhood Education and Care*, OECD Publishing, Paris, http://dx.doi.org/10.1787/9789264123564-en.

译后记

本书的英文书名是 *Skills for Social Progress: The Power of Social and Emotional Skills*，这里译作"促进社会进步的能力：社会与情感能力的力量"。犹如追溯星辰的轨迹，本书的翻译工作始于 2018 年，当时我首次参与了经济合作与发展组织（Organisation for Economic Co-operation and Development，简称 OECD）全球青少年社会与情感能力测评项目。仿佛是一场奇妙的邂逅，这次经历让我深刻认识到社会与情感能力对个体和社会的重要性，也引发了我对这一领域更深入的思考和探索。

然而，尽管我对"大五"人格非常熟悉，因为这是我博士论文的核心概念，但对"社会与情感能力"的内涵，以及为何 OECD 基于"大五"人格模型提出这一概念框架还不甚了解。于是，怀着探索未知的好奇心，我在 OECD 官网上找到了这份报告，兴奋之情油然而生，仿佛一缕清风吹拂心头。我花费了 2—3 周的时间将报告读完。报告共六章，犹如一幅绚丽的画卷，展现着教育和能力在当今世界的作用，学习环境、能力和社会进步的概念框架，培养终身成功的能力，推动能力形成的学习环境，提高社会与情感能力的政策、实践和测评，以及如何培养社会与情感能力等。这份报告呈现的概念、观点和研究结果丰富而深刻，对读者了解并提升社会与情感能力具有指导意义。报告的每一章都是一座青山，每一段都是一首动人的歌谣，引领我去探寻社会与情感能力的奥秘。

在翻译的过程中，我力求准确传达原文的含义，同时保持译文的流畅和自然。书中若有疏漏乃至错讹之处，欢迎业内人士和广大读者指正。希望这本译著能为读者提供有益的启示和帮助，促进社会进步和个人成长。

这本译著的完成，要特别感谢黄忠敬教授的悉心指导，感谢朱锐锐、吴春琼和周子朝参与本书的初期翻译工作；感谢本书的责任编辑上海教育出版社孔令会老师严谨细致的编辑工作。

张　静
2024 年 4 月于华东师范大学

本书所表达的观点和采用的论据不代表OECD或其成员国政府的官方看法。

本书及其包含的任何数据和地图均无意侵犯任何领土的地位及主权，不影响任何国际边界的划分，也不影响任何地域、城市或地区的名称。

有关以色列的统计数据由以色列有关当局提供并负责。OECD使用这些数据无意损害国际法条款对戈兰高地、东耶路撒冷、约旦河西岸犹太人定居点的界定。

图书在版编目（CIP）数据

促进社会进步的能力：社会与情感能力的力量 / 经济合作与发展组织编；张静译. — 上海：上海教育出版社，2024.7. — ISBN 978-7-5720-2594-5

I . G444

中国国家版本馆CIP数据核字第20245F3X12号

责任编辑　孔令会

封面设计　陆　弦

OECD教育前沿·社会与情感能力研究丛书
袁振国　黄忠敬　主编
促进社会进步的能力：社会与情感能力的力量
经济合作与发展组织　编
张　静　译

出版发行　上海教育出版社有限公司
官　　网　www.seph.com.cn
地　　址　上海市闵行区号景路159弄C座
邮　　编　201101
印　　刷　上海龙腾印务有限公司
开　　本　700×1000　1/16　印张 12.75
字　　数　190 千字
版　　次　2024年9月第1版
印　　次　2024年9月第1次印刷
书　　号　ISBN 978-7-5720-2594-5/G·2285
定　　价　49.00 元

如发现质量问题，读者可向本社调换　电话：021-64373213